子どもたちに伝えたい技術と心がまえ

はじめてのラグビー

監修　大野均（東芝ブレイブルーパス）
協力　ブレイブルーパス府中ジュニアラグビークラブ

世界文化社

INTRODUCTION

大野均《おおのひとし》

（東芝《とうしば》ブレイブルーパス）

ラグビーを始《はじ》める君《きみ》たちに伝《つた》えたいこと

ワールドカップに3大会連続《たいかいれんぞく》で出場《しゅつじょう》。40歳《さい》を越《こ》えてなお、トップレベルでプレーを続《つづ》ける東芝《とうしば》ブレイブルーパス・大野均選手《おおのひとしせんしゅ》。この本《ほん》を通《つう》じて、これからラグビーを始《はじ》めるみなさんに伝《つた》えたいこととは……。

取材《しゅざい》・構成《こうせい》／向風見也《むかいふみや》

canterbury
TOSHIBA

ラグビーと出会《であ》った場所《ばしょ》にラグビーの良《よ》さがあった

――まず、この本《ほん》で伝《つた》えたいことは。

ラグビーの良《よ》さを体験《たいけん》してもらうことが、人生《じんせい》をいい方向《ほうこう》へ進《すす》ませるきっかけになってくれたらと思《おも》います。ラグビーはいい意味《いみ》で、自分《じぶん》ひとりでは何《なに》もできないと感《かん》じさせてくれます。

最前列《さいぜんれつ》でスクラムを組《く》む選手《せんしゅ》がいるから、後《うし》ろのバックスの選手《せんしゅ》はボールをもらえる。逆《ぎゃく》にバックスの選手《せんしゅ》がいいキックを蹴《け》ると、前《まえ》にいるフォワードの選手《せんしゅ》は楽《らく》にプレーできる。それぞれの特徴《とくちょう》を生《い》かせるポジションがあるので、足《あし》が遅《おそ》かったり、体《からだ》が小《ちい》さかったりしても活躍《かつやく》できます。

――大野選手《おおのせんしゅ》は大学《だいがく》からラグビーを始《はじ》め、日本代表《にほんだいひょう》の中心選手《ちゅうしんせんしゅ》に成長《せいちょう》しました。

最初《さいしょ》は「ラグビーをやりたい」というより、「日大工学部《にちだいこうがくぶ》ラグビー部《ぶ》の仲間《なかま》に入《はい》りたい」と感《かん》じました。当時《とうじ》は部員数《ぶいんすう》が約《やく》20名《めい》で（試合《しあい》は1チーム15人《にん》でおこなう）。練習《れんしゅう》を見学《けんがく》に行《い》った時《とき》も少人数《しょうにんずう》での練習《れんしゅう》メニューしかできていませんでした。でも、授業《じゅぎょう》や研究《けんきゅう》で遅《おく》れてきた先《せん》輩《ぱい》が、グラウンド脇《わき》で素早《すばや》くジャージィに着替《きが》え、ばちばちタックルとスパイクに入《はい》る光景《こうけい》が、単純《たんじゅん》に格好良《かっこうよ》かった。そこには線《せん》が細《ほそ》いけど足《あし》の速《はや》い先輩《せんぱい》、体《からだ》は小《ちい》さいけどパスの上手《うま》い先輩《せんぱい》、太《ふと》っているけどいいスクラムを組《く》む先輩《せんぱい》がいた。振《ふ》り返《かえ》れば、そこにラグビーのよさが凝《ぎょう》縮《しゅく》されていました。

canterbury
TOSHIBA

高校時代《こうこうじだい》は野球部《やきゅうぶ》の補欠《ほけつ》で、ラグビーは初心者《しょしんしゃ》。そんな自分《じぶん》がチームに貢献《こうけん》できることがあるのかと思《おも》ったのですが、あったんですよね。その時《とき》は4年生《ねんせい》が抜《ぬ》けると部員《ぶいん》が15人《にん》に満《み》たなくなり、自分《じぶん》はその穴埋《あなう》めをするようにポジションを変《か》えていきました。最初《さいしょ》は体《からだ》が大《おお》きかったのでロック、次《つぎ》は足《あし》が速《はや》かったのでウイング、その次《つぎ》はフランカー、ナンバーエイト……。ポジションごとにいろんなラグビーの見《み》え方《かた》があると学《まな》ばせてもらいました。

——ラグビーには、相手《あいて》と体《からだ》をぶつけ合《あ》うコンタクトプレーがあります。

ラグビーは走《はし》りながらも体《からだ》をぶつけ合《あ》う、痛《いた》みをともなうスポーツ。ただ、タックルをした後《あと》すぐに立《た》ち上《あ》がれるのにダラダラしていたら、自分《じぶん》が本来《ほんらい》埋《う》めるべき穴《あな》を他《ほか》の選手《せんしゅ》が埋《う》めないといけなくなります。それに自分《じぶん》が怠《なま》けたことでトライを取《と》られたら、後味《あとあじ》が悪《わる》くなる。そんな思《おも》いはしたくないと毎回《まいかい》、毎回《まいかい》、意《い》識《しき》しています。

——ラグビーは責任感《せきにんかん》を育《そだ》てる。

一緒《いっしょ》にきつい練習《れんしゅう》している仲間《なかま》を少《すこ》しでも助《たす》けたい。チームで勝《か》って喜《よろこ》びたい。その思《おも》いが、自分《じぶん》を一歩前《いっぽまえ》へ踏《ふ》み出《だ》させ

てくれる。日本代表《にほんだいひょう》でともに戦《たたか》い、今《いま》は京都産業大学《きょうとさんぎょうだいがく》でコーチをしている伊藤鐘史《いとうしょうじ》はプレーに責任感《せきにんかん》をにじませていました。ひざに痛《いた》みをかかえ、ときに注射《ちゅうしゃ》を打《う》ちながらもグラウンドに立《た》ったら痛《いた》みを感《かん》じさせないハードワーク。大《おお》きな声《こえ》で味方《みかた》を鼓舞《こぶ》しながら最後《さいご》まで走《はし》り続《つづ》けました。グラウンド外《がい》では普段《ふだん》からまわりを笑《わら》わせ、誰《だれ》にでも分《わ》け隔《へだ》てなく接《せっ》してくれます。その姿《すがた》に自分《じぶん》は感銘《かんめい》を受《う》けたし、「こいつと一緒《いっしょ》に勝《か》ちたい」と思《おも》わせてくれるチームメイトでした。

——強《つよ》いチームに入《はい》ったら、厳《きび》しい練習《れんしゅう》をすることにもなります。

きついことを仲間《なかま》と共有《きょうゆう》する幸《しあわ》せを、感《かん》じてほしいです。２０１５年《ねん》のワール

画像提供／東芝ブレイブルーパス

ドカップ直前《ちょくぜん》に、下見《したみ》のためイングランドの練習会場《れんしゅうかいじょう》へ行《い》きました。3時間《じかん》のバス移動後《いどうご》に練習《れんしゅう》という予定《よてい》でしたが、渋《じゅう》滞《たい》で移動《いどう》に6時間《じかん》かかりました。「さすがに今日《きょう》の練習《れんしゅう》は中止《ちゅうし》だろう」と皆《みな》が思《おも》うなか、結局《けっきょく》、練習《れんしゅう》したんですよ。グラウンドはカチカチで、練習量《れんしゅうりょう》はいつも通《どお》り。精神的《せいしんてき》にも肉体的《にくたいてき》にもきつかったです。でも、その練習《れんしゅう》が終《お》わった後《あと》は皆《みな》、いい顔《かお》をしていた。

ラグビーでは、ミスを取《と》り返《かえ》すチャンスがたくさん

——試合中《しあいちゅう》は常《つね》に「できること」を探《さが》す。

野球《やきゅう》では、三振《さんしん》したら次《つぎ》の打席《だせき》まで、エラーをしたら再《ふたた》び自分《じぶん》のところに打球《だきゅう》が飛《と》んでくるまで、ミスを挽回《ばんかい》する機会《きかい》が回《まわ》ってきません。しかしラグビーでは、自分《じぶん》がボールを持《も》っていない時《とき》でもブレイクダウン（接点《せってん》）で味方《みかた》のボールを生《い》かしたり、タックルをして何度《なんど》も起《お》き上《あ》がったりと、自分《じぶん》の気持《きも》ち次第《しだい》で犯《おか》したミスを取《と》り返《かえ》すチャンスがあります。「自分《じぶん》でもチームのためにできることがあるはずだ」という気持《きも》ちで、ラグビーを始《はじ》めてほしいです。

PROFILE

大野《おおの》 均《ひとし》

1978年《ねん》5月《がつ》6日《か》生《う》まれ、福島県《ふくしまけん》出《しゅっ》身《しん》。高校《こうこう》までは野球部《やきゅうぶ》に所属《しょぞく》し、ラグビーを始《はじ》めたのは日本大学工学部《にほんだいがくこうがくぶ》進学後《しんがくご》。恵《めぐ》まれた体格《たいかく》に圧倒的《あっとうてき》なスピードを兼《か》ね備《そな》え、大学卒業後《だいがくそつぎょうご》に東《とう》芝《しば》に入団《にゅうだん》。日本代表《にほんだいひょう》には2004年《ねん》に初選出《はつせんしゅつ》され、2007年《ねん》から3大会連《たいかいれん》続《ぞく》でワールドカップに出場《しゅつじょう》。代表通《だいひょうつう》算《さん》98キャップ（2019年《ねん》4月《がつ》時点《じてん》）は歴代最多《れきだいさいた》。今《いま》なお国内《こくない》トップレベルのパフォーマンスを続《つづ》ける“ラグビー界《かい》のレジェンド”。

C O N T E N T S

C O N T E N T S

第《だい》1章《しょう》

ラグビーってどんなスポーツ？

ラグビーを始《はじ》める前《まえ》に、ラグビーがどんなスポーツで、どんな魅力《みりょく》にあふれているのか。他《ほか》のスポーツにはない、ラグビーならではの楽《たの》しみや、面白《おもしろ》さをお伝《つた》えします。

ラグビーを始《はじ》めるメリット

ラグビーには「ひとりじゃ何《なに》もできない」というよさがある。

ラグビーを始《はじ》めたら、**いい意味《いみ》で「自分《じぶん》ひとりでは何《なに》もできない」と感《かん》じさせてくれる**はずです。言《い》いかえれば、**「ひとりでできないことを、たくさんの仲間《なかま》と一緒《いっしょ》にやりとげられる」**ということです。

ラグビーでは、前《まえ》のほうで体《からだ》を張《は》ってボールを守《まも》る選手《せんしゅ》がいるから、その後《うし》ろの選《せん》手《しゅ》がボールを持《も》って自由《じゆう》に走《はし》ることができます。一方《いっぽう》、後《うし》ろでボールをもらった選手《せんしゅ》が大《おお》きなキックを蹴《け》ってくれたら、前《まえ》の選手《せんしゅ》はより相手《あいて》ゴールに近《ちか》い位置《いち》でプレーできます。この本《ほん》の2章《しょう》にあるルールなどを知《し》ってラグビーをすると、このことがよくわかるのではないでしょうか。ラグビーでは体《からだ》の大《おお》きい人《ひと》、パスやキックの上手《じょうず》な人《ひと》、足《あし》の速《はや》い人《ひと》と、**それぞれが違《ちが》ったよさを生《い》かすことができます**。足《あし》が遅《おそ》かったり、背《せ》が低《ひく》かったりしても、何《なに》かしらの役割《やくわり》を果《は》たせれば仲間《なかま》と勝利《しょうり》を喜《よろこ》びあえます。

互《たが》いを補《おぎな》い合《あ》って目標《もくひょう》へ近《ちか》づくラグビーの心《こころ》は、学校生活《がっこうせいかつ》やビジネスで生《い》かされることも多《おお》いはず。だからラグビーを好《す》きな人《ひと》たちは、**「ラグビーは社会《しゃかい》の縮図《しゅくず》だ」**と口《くち》をそろえます。

私《わたし》がこのスポーツを始《はじ》めた日本大学工学部《にほんだいがくこうがくぶ》のラグビー部《ぶ》は、当時《とうじ》の部員数《ぶいんすう》が17人《にん》。試合《しあい》のメンバーを揃《そろ》えるのにもひと苦労《くろう》というチームでした。そこでは線《せん》は細《ほそ》いけれど足《あし》が速《はや》い先輩《せんぱい》、とにかくパスの上手《うま》い先輩《せんぱい》、太《ふと》っていて足《あし》が遅《おそ》くてまわりに馬鹿《ばか》にされながらもいいスクラムを組《く》んでくれる先輩《せんぱい》と、特徴的《とくちょうてき》な先輩《せんぱい》たちが互《たが》いを認《みと》め合《あ》って練習《れんしゅう》していました。

私《わたし》が入部《にゅうぶ》を決《き》めたのは、ラグビー自体《じたい》にというよりも、この**素敵《すてき》な雰囲気《ふんいき》のチームに憧《あこが》れたからです**。いま振《ふ》り返《かえ》ると、私《わたし》にラグビーを教《おし》えてくれたこのチームのよさには、ラグビーのよさが凝縮《ぎょうしゅく》されていたように感《かん》じます。

画像提供／東芝ブレイブルーパス

ラグビーの魅力《みりょく》

誰《だれ》にでも楽《たの》しめるポイントがあり、責任感《せきにんかん》が育《そだ》つ。

ラグビーでは、さまざまな特性《とくせい》の選手《せんしゅ》にぴったりのポジションが用意《ようい》されています。そのため、人《ひと》によって違《ちが》う楽《たの》しみ方《かた》に気《き》づけます。

足《あし》が速《はや》くなくても体《からだ》が大《おお》きければ、ボールを持《も》って相手《あいて》にぶつかり前《まえ》に進《すす》める。背《せ》は低《ひく》くても、すばしっこければ、ステップを踏《ふ》んで大《おお》きい相手《あいて》を置《お》き去《ざ》りにできるはずです。このようにボールを持《も》って走《はし》るシーンひとつとっても、**その人《ひと》らしい楽《たの》しみ方《かた》を味《あじ》わえます**。さらに大《おお》きな選手《せんしゅ》たちが力《ちから》を合《あ》わせて組《く》むスクラム、背《せ》の高《たか》い人《ひと》が空中《くうちゅう》で競《せ》り合《あ》うラインアウト、サッカー経験者《けいけんしゃ》が活躍《かつやく》しそうなゴールキックのシーン、器用《きよう》さが生《い》かせるパス回《まわ》しと、楽《たの》しめるポイントはさまざまです。サッカーはボールを蹴《け》る、ドリブルする、野球《やきゅう》は白球《はっきゅう》を投《な》げる、打《う》つ、走《はし》ると動《うご》きがシンプルなのに対《たい》し、**ラグビーはバラエティーに富《と》むスポーツ**と言《い》えそうです。

私《わたし》は2009年《ねん》、日本《にほん》のいい選手《せんしゅ》が集《あつ》まるトップリーグでMVPに選《えら》んでもらいました。競技《きょうぎ》を始《はじ》めたのは大学《だいがく》からで、ずっとラグビーをしていた一流選手《いちりゅうせんしゅ》と比《くら》べるとパスやキックは上手《うま》くありません。それでも体力《たいりょく》や頑丈《がんじょう》な体《からだ》を生《い》かし、プレーする東芝《とうしば》の優勝《ゆうしょう》に何《なん》とか貢献《こうけん》できたのではと思《おも》っています。

一緒《いっしょ》に苦《くる》しい練習《れんしゅう》をしてきた仲間《なかま》を少《すこ》しでも助《たす》けたいという責任感《せきにんかん》があったから、苦《くる》しい場《ば》面《めん》でも動《うご》き続《つづ》けられました。

少《すこ》しでもチームに恩返《おんがえ》しをしなくてはという責任感《せきにんかん》は、いまでも胸《むね》に秘《ひ》めています。40歳《さい》を過《す》ぎても所属《しょぞく》させてくれている東芝《とうしば》というチームの役《やく》に立《た》ちたいという思《おも》いで、グラウンドに立《た》っています。それぞれが個性《こせい》を出《だ》し合《あ》うラグビーは、責任感《せきにんかん》も育《そだ》ててくれます。

画像提供／東芝ブレイブルーパス

タックル、怖《こわ》くない？

最初《さいしょ》はケガに注意《ちゅうい》して、たくさんタックルしよう！

ラグビーらしいと言《い》われるプレーのひとつに、タックルがあります。ボールを持《も》って走《はし》ってくる相手《あいて》に体《からだ》をぶつけ、倒《たお》すプレーです。トップスピードで走《はし》ってくる大《おお》きな選手《せんしゅ》への**タックルには、勇気《ゆうき》と体《からだ》の強《つよ》さが求《もと》められます**。だからラグビー選手《せんしゅ》の多《おお》くは「**たくさんタックルのできる選手《せんしゅ》はカッコいい**」と考《かんが》えます。

私《わたし》は18歳《さい》でラグビーを始《はじ》める前《まえ》に、野球《やきゅう》や農業《のうぎょう》の手伝《てつだ》いなどである程度《ていど》、体《からだ》を作《つく》っていました。そのためラグビーと出会《であ》って間《ま》もないころから、タックルへの恐怖心《きょうふしん》や苦手意識《にがていしき》を持《も》たずにプレーできました。強《つよ》い選手《せんしゅ》へタックルし続《つづ》けるのは痛《いた》く、疲《つか》れますが、**タックルするたびにすぐに立《た》ち上《あ》がろうと心《こころ》がけています**。もう一度《いちど》、タックルするためです。すぐに起《お》きられるのに倒《たお》れたままでいたら、その間《あいだ》に私《わたし》が本来《ほんらい》埋《う》めるべきディフェンスの穴《あな》を他《ほか》の選手《せんしゅ》が埋《う》めなくてはなりません。それでは仲間《なかま》に迷《めい》惑《わく》がかかる。何《なに》より自分《じぶん》が動《うご》かなかったことで失点《しってん》したら私《わたし》としても後味《あとあじ》が悪《わる》い。何度《なんど》もタックルできるよう何度《なんど》も起《お》き、チームを勝《か》つ方向《ほうこう》へ導《みちび》きたいと常《つね》に思《おも》っています。

これからラグビーを始《はじ》めるなら、タックルが怖《こわ》くても無理《むり》はありません。でも、**正《ただ》しい姿勢《しせい》を覚《おぼ》えればケガのリスクは減《へ》らせます**。ですので指導者《しどうしゃ》の方《かた》には、ケガをさせないのを念頭《ねんとう》にタックルを教《おし》えてもらいたいです。相手《あいて》とぶつかった瞬間《しゅんかん》に首《くび》や背中《せなか》を傷《いた》めないよう、顔《かお》を上《あ》げ、背筋《せすじ》を伸《の》ばしてタックルする……。この点《てん》は、口《くち》うるさく言《い》い続《つづ》けてもらいたいですね。

もちろん**タックルには、逃《に》げずに相手《あいて》に立《た》ち向《む》かう心《こころ》も必要《ひつよう》**。また、「どんぴしゃり」で相《あい》手《て》を倒《たお》せる間合《まあ》いや高《たか》さは人《ひと》によります。選手《せんしゅ》には自分《じぶん》にとってのベストな間合《まあ》い、力《ちから》の入《い》れどころを反復練習《はんぷくれんしゅう》でつかんでほしいです。

画像提供／東芝ブレイブルーパス

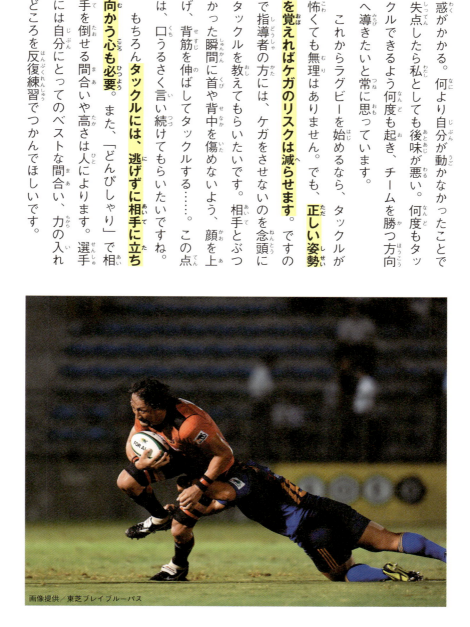

ラグビーを始《はじ》めるのに年《ねん》齢《れい》は関《かん》係《けい》ない

それまでの経験《けいけん》をラグビーに生《い》かそう。

私《わたし》は大学生《だいがくせい》になってから、弱小《じゃくしょう》と言《い》われる少人数《しょうにんずう》のチームでラグビーを始《はじ》めました。だから東芝《とうしば》入部《にゅうぶ》当初《とうしょ》は、無名《むめい》の弱小《じゃくしょう》チーム出身《しゅっしん》の自分《じぶん》が、日本代表選手《にほんだいひょうせんしゅ》がたくさんいるこのチームで本当《ほんとう》に通用《つうよう》するのか、不安《ふあん》しかありませんでした。しかし、その不《ふ》安《あん》を少《すこ》しでもなくすためには、練習《れんしゅう》することのみでした。人《ひと》より少《すこ》しでも多《おお》く汗《あせ》をかくことを積《つ》み重《かさ》ねた結果《けっか》、日本代表《にほんだいひょう》にも選《えら》ばれ、国《くに》を代表《だいひょう》して世界《せかい》と戦《たたか》う舞台《ぶたい》に立《た》つことができました。

私《わたし》と同《おな》じように大学《だいがく》からラグビーを始《はじ》めて日本代表《にほんだいひょう》となった選手《せんしゅ》に、大久保直弥《おおくぼなおや》さんがいます。高校《こうこう》まではバレーボールをしていたのですが、ラグビー選手《せんしゅ》としてニュージーランドでプロになるなど活躍《かつやく》されました。ポジションは身体《しんたい》をぶつけるロックやフランカー。話《はなし》をしてみたら、私《わたし》と考《かんが》え方《かた》も似《に》ていました。

もちろん直弥《なおや》さんや私《わたし》のようなキャリアの選《せん》手《しゅ》はあまりいません。特《とく》にボールを動《うご》かすバックスのポジションでは、子《こ》どものころからラグビーに慣《な》れた選手《せんしゅ》が多《おお》いです。**ただ、ラグビーを始《はじ》めるのが遅《おそ》くても、それまでしていたスポーツの特性《とくせい》を生《い》かして活躍《かつやく》する選手《せんしゅ》はいます**。2015年《ねん》のワールドカップで一緒《いっしょ》にプレーした堀江翔太選手《ほりえしょうたせんしゅ》は、小学校《しょうがっこう》で始《はじ》めたラグビーを高校《こうこう》で再開《さいかい》させています。その前後《ぜんご》でサッカーやバスケットボールをしていたこともあって、器用《きよう》にパスやキックをしています。

私《わたし》は野球部時代《やきゅうぶじだい》、しっかり筋力《きんりょく》トレーニングをしていました。おかげで、あまり大《おお》きなケガをしないままやってこられました。

大人《おとな》になってから経験《けいけん》する猛練習《もうれんしゅう》で成長《せいちょう》できたのは、**子《こ》どものころに土台《どだい》を作《つく》っていたから**かもしれません。

画像提供／東芝ブレイブルーパス

教《おし》えて! 大野選手《おおのせんしゅ》!

ラグビー初心者《しょしんしゃ》Q&A

これからラグビーを始《はじ》めるお子《こ》さんや、その親御《おやご》さんが持《も》つ疑問《ぎもん》の数々《かずかず》を、大野《おおの》選手《せんしゅ》が一気《いっき》に解決《かいけつ》! これで、安心《あんしん》してラグビーを始《はじ》められるはず!

Q ラグビーって危険《きけん》じゃないの?

A ケガもあるけど、安全面《あんぜんめん》には気《き》をつかっています。

体《からだ》と体《からだ》がぶつかり合《あ》うラグビーというスポーツでは、たしかにケガをしてしまうこともあります。ただ、今《いま》では年代《ねんだい》ごとに子《こ》どもたちの安全面《あんぜんめん》を考《かんが》えたルールが決《き》められているなど、ものすごく気《き》をつかっています。また、ほとんどのケガは「正《ただ》しくプレーをしなかった」ことが原因《げんいん》です。しっかりとした指導《しどう》を受《う》けて正《ただ》しいフォーム、正《ただ》しいプレーを心《こころ》がければ、ケガは最小限《さいしょうげん》におさえることができます。

Q ラグビーを始《はじ》めるとき、何《なに》をそろえればいいの?

A 道具《どうぐ》はチームが貸《か》し出《だ》してくれることもあります。

ほとんどのチームでは、最初《さいしょ》のうちは必要《ひつよう》な道具《どうぐ》を貸《か》し出《だ》してくれるので、まずは手《て》ぶらで行《い》っても大丈夫《だいじょうぶ》! そのうえで、本《ほん》格的《かくてき》にチームに入《はい》って始《はじ》める場合《ばあい》に、たとえばチームのジャージィやヘッドキャップなどをそろえるケースが多《おお》いようです。

Q ルールが複雑《ふくざつ》でむずかしい?

A 段階《だんかい》を踏《ふ》んでおぼえていけば大丈夫《だいじょうぶ》!

たしかに、ラグビーには「ルールが複雑《ふくざつ》でむずかしい」というイメージがあります。実際《じっさい》に、ほかのスポーツよりも細《こま》かなルールがあることもたしかです。ただ、たとえば小学校低学年《しょうがっこうていがくねん》のうちはキックの得点《とくてん》がないなど、まずは「シンプル」なルールから始《はじ》まるので、段階《だんかい》を踏《ふ》んで少《すこ》しずつおぼえることもできます。ラグビーは体《からだ》だけでなく頭《あたま》も使《つか》うスポーツ。「むずかしい」と言《い》われるルールをしっかり理解《りかい》できれば、よりラグビーが楽《たの》しくなるはずです。

Q ラグビーが上手《うま》くなるためにはどうすればいいの?

A ラグビーほど、練習《れんしゅう》が試合《しあい》の結果《けっか》に直結《ちょっけつ》するスポーツはありません。

ラグビーは、多《おお》くのスポーツの中《なか》でも特《とく》に「番狂《ばんくる》わせの少《すく》ないスポーツ」と言《い》われています。それはつまり、しっかりと練習《れんしゅう》する＝上手《うま》くなる＝試合《しあい》に勝《か》てる、ということ。真剣《しんけん》に練習《れんしゅう》すればするほど、確実《かくじつ》に実力《じつりょく》がつきます。逆《ぎゃく》に言《い》うと、上手《うま》くなるため、勝《か》つための近道《ちかみち》はありません。どんな一流選手《いちりゅうせんしゅ》も、子《こ》どものころから地道《じみち》に、真面目《まじめ》に練習《れんしゅう》を繰《く》り返《かえ》すことで上手《うま》くなったのです。

Q ラグビーのシーズンっていつ?

A 基本的《きほんてき》には秋《あき》〜冬《ふゆ》ですが、流《なが》れが変《か》わりつつあります

大学《だいがく》ラグビーや高校《こうこう》ラグビーの全国大会《ぜんこくたいかい》は秋《あき》〜冬《ふゆ》に行《おこな》われます。ただ、日本最高峰《にほんさいこうほう》のトップリーグは2020年《ねん》から春《はる》にも試合《しあい》を行《おこな》います。それに試合《しあい》がないときも、練習《れんしゅう》やトレーニングマッチで汗《あせ》を流《なが》しています。もちろん小学生《しょうがくせい》でも年中《ねんじゅう》、試合《しあい》や練習《れんしゅう》を楽《たの》しむことができます。

Q ラグビーは体《からだ》が大《おお》きな方《ほう》が有利《ゆうり》なの?

A どんなタイプの子《こ》どもでも必《かなら》ず役割《やくわり》があります。

たしかに、日本《にほん》や世界《せかい》のトップ選手《せんしゅ》のほとんどが、分厚《ぶあつ》く、大《おお》きな体《からだ》をしています。ただ、P20でもお話《はな》ししたように、ラグビーにはポジションによってさまざまな役割《やくわり》があります。体《からだ》が大《おお》きく、力《ちから》の強《つよ》い選手《せんしゅ》が必要《ひつよう》なポジションもあれば、小《ちい》さくても足《あし》が速《はや》い選手《せんしゅ》、細身《ほそみ》でも頭《あたま》が良《よ》くて冷静《れいせい》な選手《せんしゅ》……。どんな子《こ》どもでも必《かなら》ず活躍《かつやく》するチャンスがある。それが、ラグビーの魅力《みりょく》です。

Q ラグビーでプロになれるの?

A 日本《にほん》にもプロ選手《せんしゅ》はいます。

野球《やきゅう》やサッカーと違《ちが》い、トップの選手《せんしゅ》でも全員《ぜんいん》が「プロ」というわけではありません。ただ、日本《にほん》のトップリーグの中《なか》にはラグビーだけでお金《かね》を稼《かせ》ぐ「プロ選手《せんしゅ》」が何人《なんにん》もいます。もちろん、プロじゃない選手《せんしゅ》にも優秀《ゆうしゅう》な選手《せんしゅ》はたくさんいますし、そういう選手《せんしゅ》はチームを運営《うんえい》している会社《かいしゃ》の社員《しゃいん》として、お給料《きゅうりょう》をもらいながらプレーしています。

Q 親《おや》の負担《ふたん》はどのくらい?
A 普通《ふつう》の習《なら》い事《ごと》とかわりません。

チームにもよりますが、子《こ》どもがラグビーを始《はじ》めて親《おや》がすることと言《い》えば、たとえば練習《れんしゅう》への送《おく》り迎《むか》えやお弁当作《べんとうづく》りなど、ほかのスポーツとほとんどかわらないはずです。もちろん、遠《とお》くのチームに通《かよ》うことになれば送迎《そうげい》の時間《じかん》が長《なが》くなったりもしますが、それは野球《やきゅう》でもサッカーでも同《おな》じこと。「ラグビーだから」といって何《なに》か特別《とくべつ》なことをする必要《ひつよう》は、ほとんどありません。

Q ラグビーは大人《おとな》になっても続《つづ》けられるの?
A 高校《こうこう》、大学《だいがく》、社会人《しゃかいじん》になっても続《つづ》けられます!

ラグビーではジュニア世代《せだい》から始《はじ》まり、中《ちゅう》学《がく》、高校《こうこう》、大学《だいがく》、社会人《しゃかいじん》と、各《かく》カテゴリでさまざまなチーム、リーグがあります。特《とく》に「学生《がくせい》スポーツ」としての人気《にんき》は野球《やきゅう》やサッカーと比《くら》べても決《けっ》して引《ひ》けをとりません。もちろん、トップリーグに所属《しょぞく》できる選手《せんしゅ》はひと握《にぎ》りですが、多《おお》くのラグビー経《けい》験者《けんしゃ》が大人《おとな》になっても「草《くさ》ラグビー」を楽《たの》しんでいます。なにより、学生時代《がくせいじだい》にともにラグビーをした仲間《なかま》はかけがえのない存《そん》在《ざい》。大人《おとな》になってもよい友人《ゆうじん》として一生付《いっしょうつ》き合《あ》っていけるはずです。

Q ラグビーって流行《はや》っているの?
A 2019年《ねん》にはワールドカップ、2020年《ねん》には東京五輪《とうきょうごりん》も!

2019年《ねん》には世界一《せかいいち》を決《き》めるワールドカップが日本《にほん》で開催《かいさい》されます。また、2020年《ねん》の東京五輪《とうきょうごりん》では「7人制《にんせい》ラグビー」が男女《だんじょ》ともに採用《さいよう》。2年続《ねんつづ》けて、世界《せかい》のトップ選《せん》手《しゅ》が日本《にほん》にやってきます。せっかくの機会《きかい》なので、ひとりでも多《おお》くの方々《かたがた》にラグビーのよさを知《し》ってもらいたいです。

Q 初心者《しょしんしゃ》がいきなりチームに入《はい》ってもいいの?
A まったく問題《もんだい》ありません!

子《こ》どものころからラグビーをやっている選《せん》手《しゅ》は多《おお》いですが、小学校高学年《しょうがっこうこうがくねん》、中学校《ちゅうがっこう》、高校《こうこう》からラグビーを始《はじ》める選手《せんしゅ》もたくさんいます。私自身《わたしじしん》、高校《こうこう》を卒業《そつぎょう》するまでラグビー経験《けいけん》はゼロ。そこから日本代表《にほんだいひょう》に選《えら》んでもらえるまでになりました。どのチームも、初心者《しょしんしゃ》に対《たい》してはルールの説明《せつめい》や基本《きほん》練習《れんしゅう》など、ていねいに教《おし》えてくれるはず。誰《だれ》でも、初《はじ》めは初心者《しょしんしゃ》です。興味《きょうみ》があれば何歳《なんさい》からでもラグビーを始《はじ》めてみましょう。

第《だい》2章《しょう》

ラグビーの基礎知識《きそちしき》を学《まな》ぼう

初心者《しょしんしゃ》ならまずは知《し》っておきたい、ラグビーの基本《きほん》のキ。かんたんなルール、ポジションの名前《なまえ》と役割《やくわり》など、「これだけは知《し》っておこう」という基礎知識《きそちしき》を解説《かいせつ》します。

年代別《ねんだいべつ》にグラウンドのサイズ、試合時間《しあいじかん》、人数《にんずう》も違《ちが》う

日本《にほん》ラグビーフットボール協会《きょうかい》では、子《こ》どもたちが安全《あんぜん》に楽《たの》しくラグビーをプレーできるよう、年代別《ねんだいべつ》にグラウンドのサイズやプレー人数《にんずう》、試合時間《しあいじかん》をそれぞれに定《さだ》めている。

大人用《おとなよう》グラウンドの規格《きかく》

高校生以上《こうこうせいいじょう》 ▶

プレー人数《にんずう》
…1チーム15人《にん》
試合時間《しあいじかん》
…40分《ぶん》ハーフ
(高校生《こうこうせい》は30分《ふん》ハーフ)

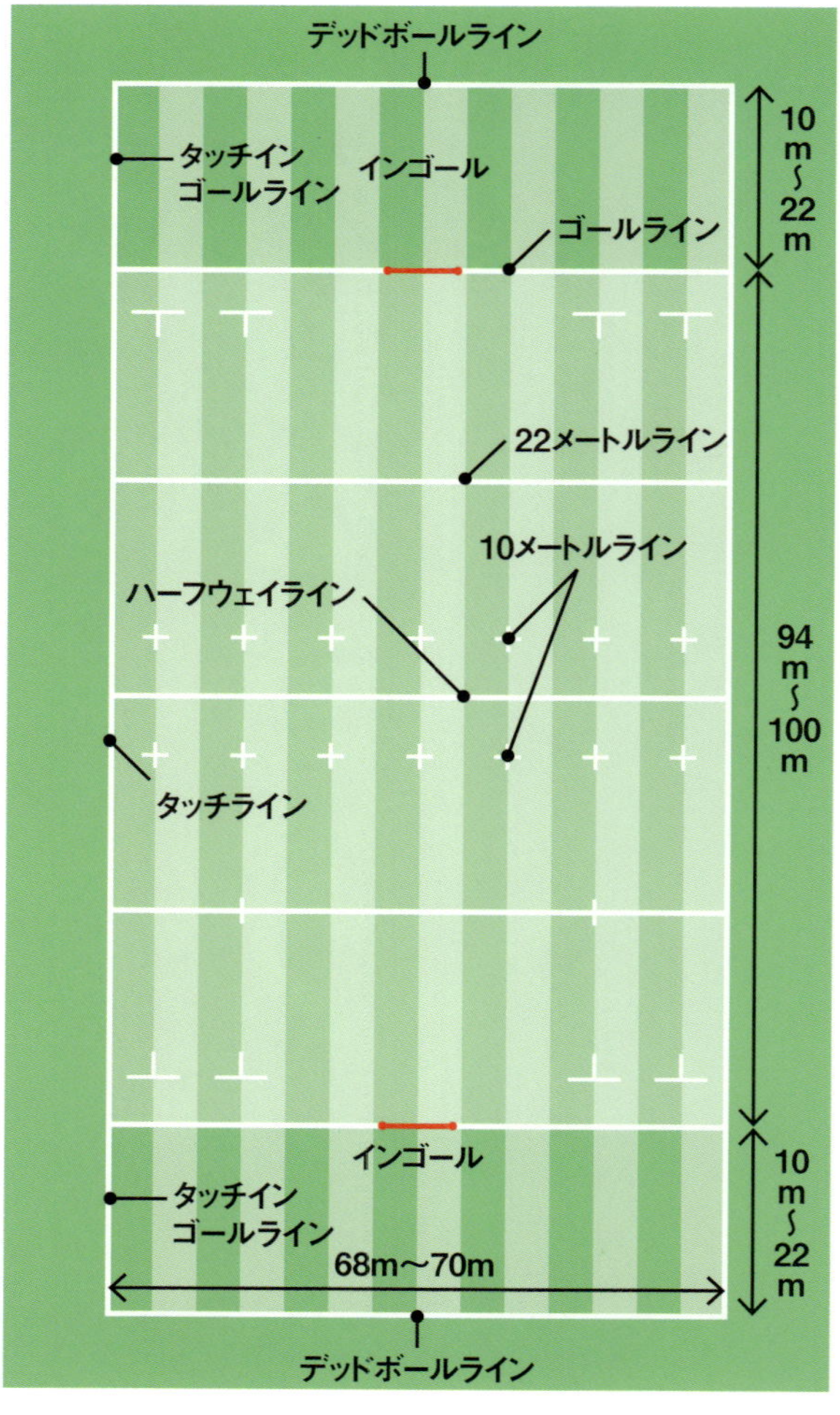

【各年代《かくねんだい》ごとのグラウンド規格《きかく》と試合概要《しあいがいよう》】

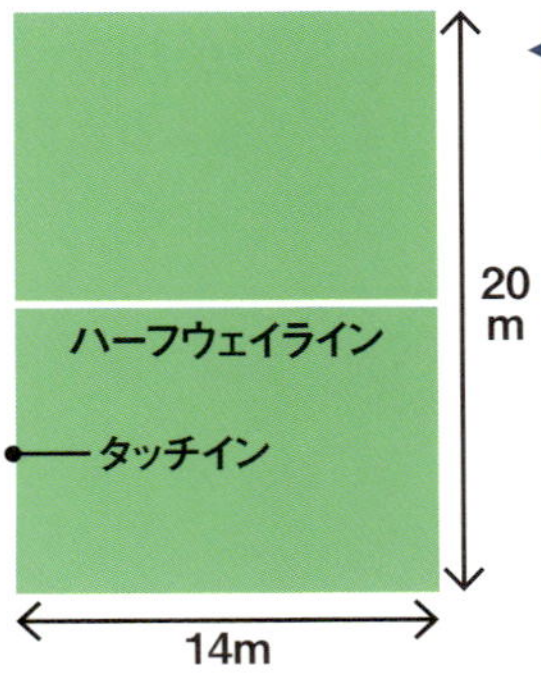

U-8
(小学《しょうがく》1～2年生《ねんせい》)

プレー人数《にんずう》
…1チーム5人《にん》
試合時間《しあいじかん》
…10分《ぷん》ハーフ

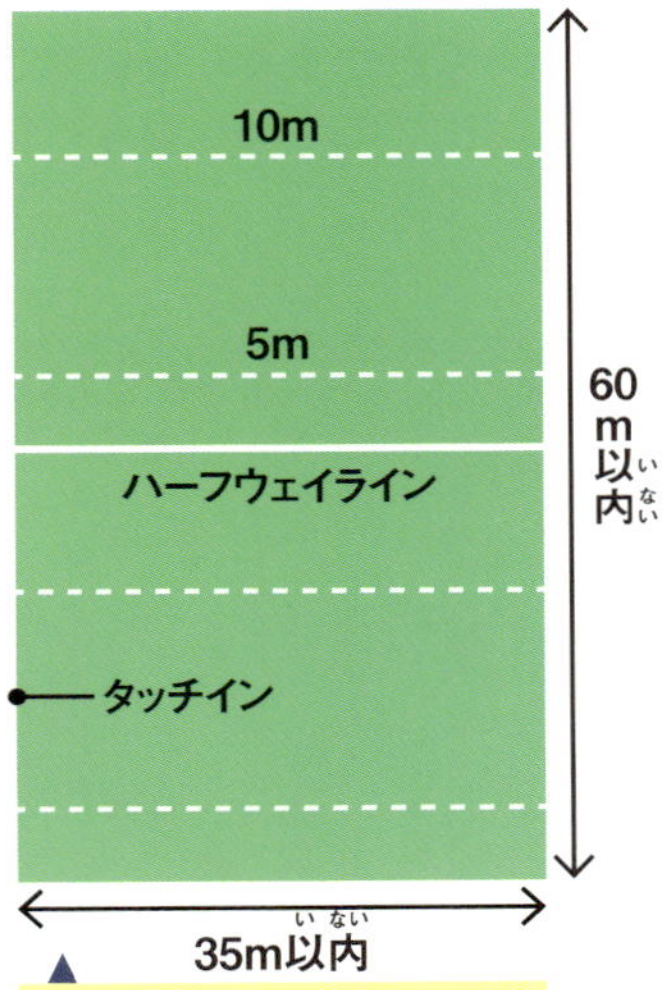

U-10(小学《しょうがく》3～4年生《ねんせい》)

プレー人数《にんずう》…1チーム7人《にん》
試合時間《しあいじかん》…15分《ふん》ハーフ

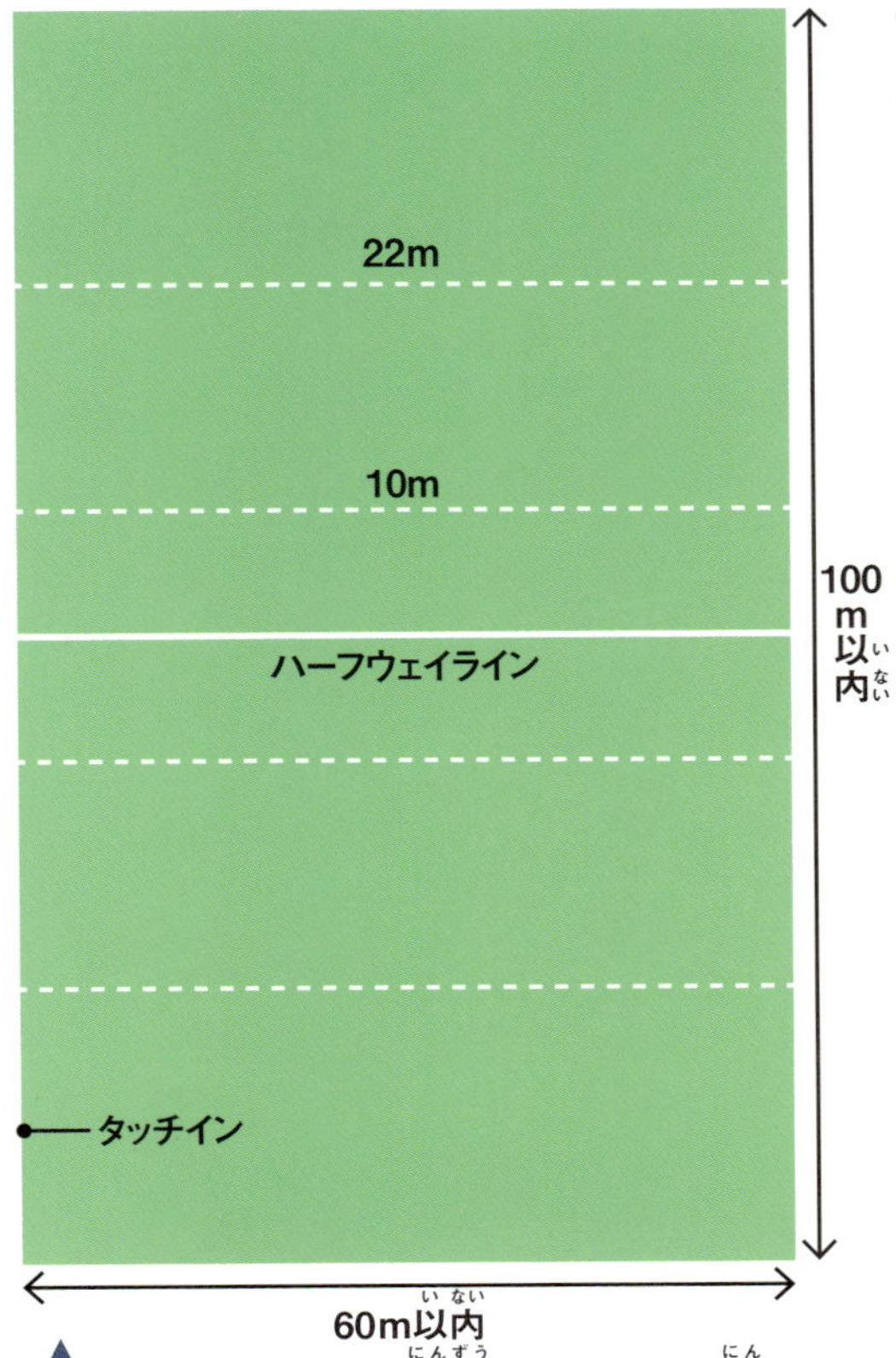

中学生《ちゅうがくせい》

プレー人数《にんずう》…1チーム12人《にん》
試合時間《しあいじかん》…20分《ぷん》ハーフ

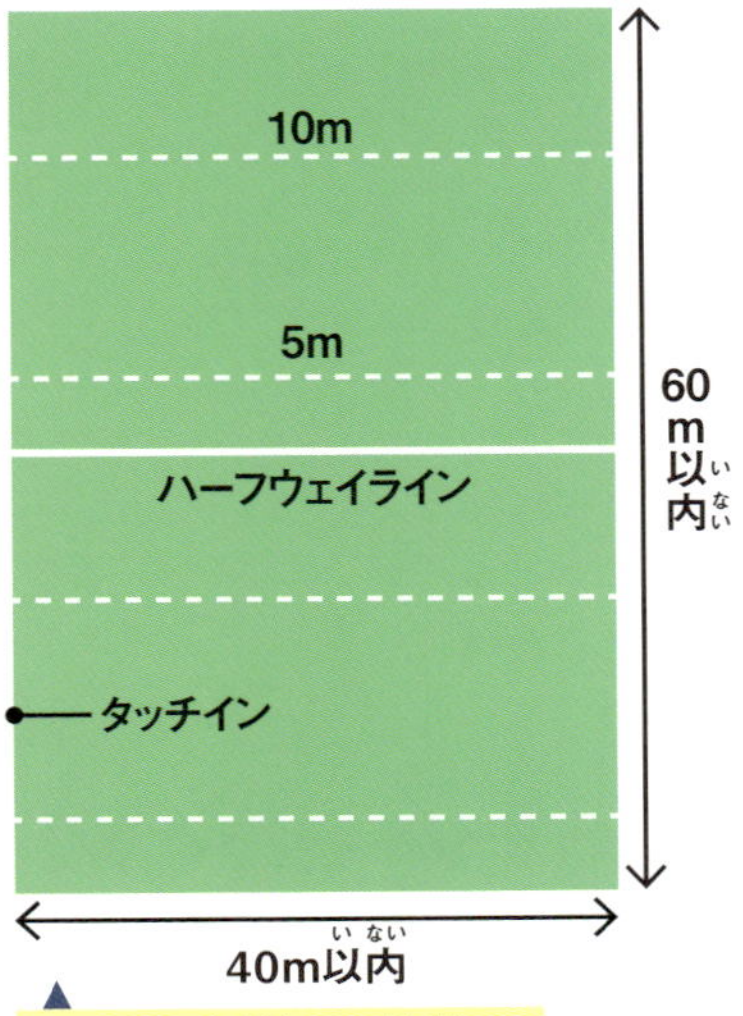

U-12(小学《しょうがく》5～6年生《ねんせい》)

プレー人数《にんずう》…1チーム9人《にん》
試合時間《しあいじかん》…20分《ぷん》ハーフ

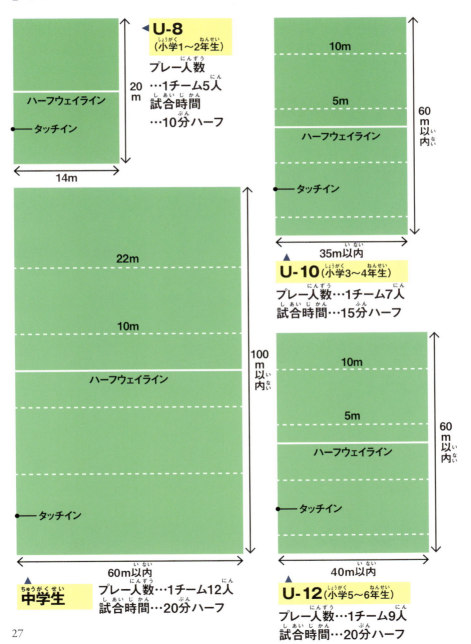

得点《とくてん》の種類《しゅるい》と方法《ほうほう》

ラグビーで得点《とくてん》する方法《ほうほう》は大《おお》きく分《わ》けて「トライ」と「キック」のふたつ。U-10年代《ねんだい》まではキックでの得点《とくてん》はないが、どの方法《ほうほう》で得点《とくてん》するかによって与《あた》えられる点数《てんすう》も違《ちが》ってくる。

得点《とくてん》の方法《ほうほう》
トライ

5点《てん》

攻撃側《こうげきがわ》の選手《せんしゅ》が相手側《あいてがわ》のインゴール（ゴールラインを越《こ》えた位置《いち》）にボールをグラウディング（地面《じめん》につける）することで得点《とくてん》になる。ラグビーの“花形《はながた》”ともいえる得点方法《とくてんほうほう》だ。

ペナルティトライ 7点《てん》

トライが成功《せいこう》しなくても、相手《あいて》の反則《はんそく》がなければ間違《まちが》いなくトライできたと判断《はんだん》された場合《ばあい》、ゴールポスト中央《ちゅうおう》へのペナルティトライが認《みと》められる。

得点《とくてん》の方法《ほうほう》

コンバージョンキック　2点《てん》

トライをした後《あと》、さらにキックでゴールを狙《ねら》う。ボールがゴールポストの間《あいだ》、クロスバーの上《うえ》を通過《つうか》すれば得点《とくてん》が認《みと》められる。(※キックでの得点《とくてん》はU-12以上《いじょう》から採用《さいよう》される)

得点《とくてん》の方法《ほうほう》

ペナルティゴール　3点《てん》

相手《あいて》の反則《はんそく》によって与《あた》えられる。反則《はんそく》が起《お》きた位置《いち》からゴールを狙《ねら》う。

キックでの得点《とくてん》はチームの大《おお》きな力《ちから》に!

得点《とくてん》の方法《ほうほう》

ドロップゴール　3点《てん》

プレー中《ちゅう》に地面《じめん》にワンバウンドさせたボールをキックしてゴールを狙《ねら》う。接戦時《せっせんじ》に使《つか》われることが多《おお》い。

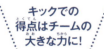

基本《きほん》のルール解説《かいせつ》

「ルールが分《わ》かりにくい……」というイメージを持《も》たれることも多《おお》いラグビー。でも実《じつ》は、基本《きほん》のルールは「ボールをチームで前《まえ》に運《はこ》ぶ」というシンプルなもの。ここでは、ラグビーの基本《きほん》の「キ」をレクチャーしよう!

ラグビーとは……

チーム全員《ぜんいん》でボールを前《まえ》に運《はこ》んで得点《とくてん》するスポーツです!

チーム全員《ぜんいん》でボールを相手《あいて》のインゴールまで運《はこ》ぶ。これが、ラグビーの基本《きほん》ルール。運《はこ》び方《かた》はラン、パス、キックとさまざま。

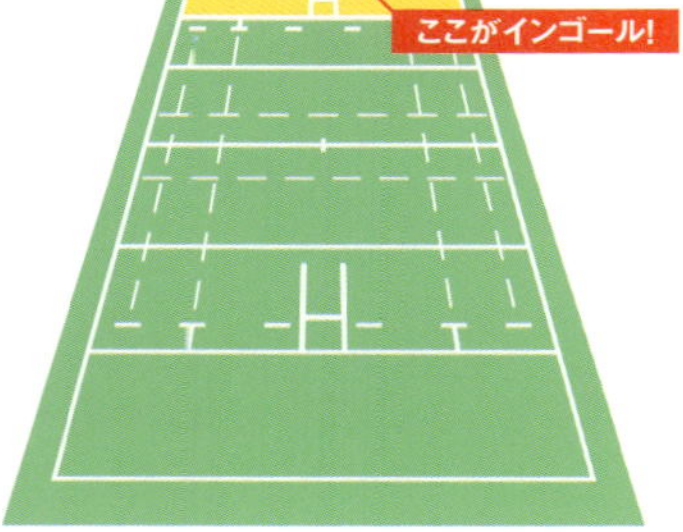

キック、トライなどで相手《あいて》のインゴールにボールを運《はこ》ぼう

ラグビーは相手《あいて》チームのゴールエリアまで選手《せんしゅ》がボールを持《も》ったまま運《はこ》ぶと得点《とくてん》になる。ボールの運《はこ》び方《かた》は大《おお》きく分《わ》けてラン、パス、キックの3つ。詳細《しょうさい》は左《ひだり》ページ以降《いこう》を見《み》よう!

ボールの運《はこ》び方《かた》①

ラン

RUN

ラグビーにおけるもっとも基本的《きほんてき》なボールの運《はこ》び方《かた》。ボールを持《も》った選手《せんしゅ》が相手《あいて》ゴールエリアに向《む》かって走《はし》り、タックルで止《と》められる（倒《たお》される）まで前進《ぜんしん》することが認《みと》められている。スピードとパワーの両方《りょうほう》が求《もと》められる技術《ぎじゅつ》だ。

スピードに加《くわ》え、倒《たお》されないパワーも重要《じゅうよう》

追《お》いかけてくる相手《あいて》に捕《つか》まらないスピードは、ラグビーでは大《おお》きな武器《ぶき》になる。一方《いっぽう》で、相手《あいて》にタックルされても倒《たお》れずに進《すす》むパワーがあればなお良《よ》い。速《はや》くて、強《つよ》いことがラグビー選手《せんしゅ》には求《もと》められる。

大野《おおの》選手《せんしゅ》のアドバイス

倒《たお》されることを恐《おそ》れず最短《さいたん》ルートを!

特《とく》に足《あし》の速《はや》い選手《せんしゅ》の場合《ばあい》は、スペースがあるとゴールまで遠回《とおまわ》りになったとしても安全《あんぜん》なルートを走《はし》りがち。しかし、時《とき》には倒《たお》されるリスクを負《お》ってでも密集地帯《みっしゅうちたい》に突《つ》っ込《こ》んでゴールまでの最短《さいたん》ルートを選択《せんたく》することも必要《ひつよう》だ！

パス

PASS

ラグビーでは相手《あいて》とぶつかる前《まえ》に味方《みかた》へパスを出《だ》せる。しかし、サッカーやバスケットボールと違《ちが》って、前方《ぜんぽう》にはパスができない。パスを出《だ》すときは必《かなら》ず、自分《じぶん》の真横《まよこ》より後《うし》ろにいる選手《せんしゅ》にボールを渡《わた》そう。

パス&ランが攻撃《こうげき》の基本《きほん》!

ランで前進《ぜんしん》しながら、パスをほしがる味方《みかた》へボールを渡《わた》す。味《み》方《かた》へ正確《せいかく》にパスを出《だ》すことで、攻撃《こうげき》にリズムを作《つく》れる。

大野選手《おおのせんしゅ》のアドバイス

いつ、どこにパスを出《だ》すのか、が重要《じゅうよう》!

パスを出《だ》すタイミングは、基本的《きほんてき》にタックルされる直前《ちょくぜん》、もしくは味方《みかた》の前《まえ》に大《おお》きなスペースがあるとき。いつ、誰《だれ》にパスを出《だ》すかによって試合《しあい》の展開《てんかい》は大《おお》きく変《か》わってくる。

ボールの運《はこ》び方《かた》③

キック

KICK

キックは自分《じぶん》よりも前方《ぜんぼう》へ大《おお》きくボールを運《はこ》ぶ方法《ほうほう》。陣地《じんち》を奪《うば》うのに必要《ひつよう》なスキルだ。精度《せいど》やまわりとのコンビネーション次第《しだい》でチャンスを広《ひろ》げられるが、ルール上《じょう》ほとんどの場合《ばあい》で相手《あいて》にボールを渡《わた》すことになる。状況判断《じょうきょうはんだん》が求《もと》められるプレーだ。

一発逆転《いっぱつぎゃくてん》の飛《と》び道具《どうぐ》

ランやパスだけではなかなか相手《あいて》を崩《くず》せないとき、キックで大《おお》きく前方《ぜんぽう》にボールを運《はこ》ぶケースもある。ただし、確実性《かくじつせい》は低《ひく》いため相手《あいて》にボールを奪《うば》われるリスクもある。やみくもに蹴《け》るのではなく、状況判断《じょうきょうはんだん》も重要《じゅうよう》になってくる。

大野選手《おおのせんしゅ》のアドバイス

どの種類《しゅるい》のキックを選択《せんたく》するのかが重要《じゅうよう》!

ひとことで「キック」といっても、ゴロを蹴《け》ったり大《おお》きく蹴《け》り上《あ》げたり、相手《あいて》の裏《うら》に軽《かる》く蹴《け》り込《こ》んだり、種類《しゅるい》はさまざま。状況《じょうきょう》に応《おう》じて、どんなボールを蹴《け》るのがいちばん有効《ゆうこう》か、考《かんが》えながらプレーしよう。

押《お》さえておきたいルール&用《よう》語《ご》

ラグビーを始《はじ》めるうえで、まずはこれだけはおぼえておこう。

【ボールは前《まえ》にパスできない】

ラグビーの基本中《きほんちゅう》の基本《きほん》。ボールを持《も》った選手《せんしゅ》は自分《じぶん》より前方《ぜんぽう》にパスを出《だ》すことはできない。パスを出《だ》していいのは、真横《まよこ》から後方《こうほう》のみ。ただし、キックの場合《ばあい》は前方《ぜんぽう》にボールを運《はこ》ぶことができる。

【得点方法《とくてんほうほう》はトライとキックの2種類《しゅるい》】

パスをつないで敵陣《てきじん》のインゴールと呼《よ》ばれるスペースにボールをタッチすればトライ（5点《てん》）。トライが成立《せいりつ》すると「コンバージョンキック」の機会《きかい》が与《あた》えられ、ボールをゴールポストの間《あいだ》のクロスバーより上《うえ》の空間《くうかん》に蹴《け》り通《とお》すとさらに2点《てん》が加点《かてん》される。

　また通常《つうじょう》のプレー中《ちゅう》にドロップキックでゴールを決《き》めても得点《とくてん》できる（3点《てん》）。そのほか、相手《あいて》チームの反則《はんそく》に対《たい》して得《え》られるキック（ペナルティキック）でも得点《とくてん》できる（3点《てん》）。

　ただし、小学生《しょうがくせい》の試合《しあい》では世代《せだい》によってキックが採用《さいよう》されていないケースもある。詳細《しょうさい》は28ページを参照《さんしょう》。

【ボールを持《も》った選手《せんしゅ》にだけタックルできる】

　ラグビーの花形《はながた》プレーでもある「タックル」は、ボールを持《も》っている相手選手《あいてせんしゅ》にのみ、行《おこな》うことができる。また、タックルで倒《たお》された選手《せんしゅ》はそのままプレーを続行《ぞっこう》することができないので、速《すみ》やかにボールを手放《てばな》す必要《ひつよう》がある。

【ラグビーの基本用語《きほんようご》①　オンサイド】

　ボールを持《も》っている選手《せんしゅ》より後方《こうほう》の、プレーに参加《さんか》できる位置《いち》のこと。

【ラグビーの基本用語《きほんようご》②　キックオフ】

　前後半《ぜんこうはん》の開始時《かいしじ》や得点《とくてん》した後《あと》にゲームを再開《さいかい》する方法《ほうほう》。一方《いっぽう》のチームの選手《せんしゅ》がハーフウェイラインの中央《ちゅうおう》、もしくは中央《ちゅうおう》より自陣《じじん》サイドから、相手《あいて》の陣地《じんち》に向《む》けてドロップキックでボールを蹴《け》り込《こ》んでゲームを始《はじ》める。

【ラグビーの基本用語《きほんようご》③　ゲイン】

ボールを持《も》って前進《ぜんしん》し、陣地《じんち》を獲得《かくとく》すること。

【ラグビーの基本用語《きほんようご》④　スクラム】

軽《かる》い反則後《はんそくご》に行《おこな》われるプレーの再開方法《さいかいほうほう》。両《りょう》チームのフォワード同士《どうし》が組《く》み合《あ》い、その中間《ちゅうかん》にボールを投《な》げ入《い》れる。投《な》げ入《い》れられたボールを足《あし》で後《うし》ろにかき出《だ》し、スクラムの最後方《さいこうほう》の選手《せんしゅ》がボールを取《と》り出《だ》してプレーが再開《さいかい》される。

【ラグビーの基本用語《きほんようご》⑤　ノーサイド】

試合終了《しあいしゅうりょう》のこと。「壁《かべ》がなくなる」という意味《いみ》で、ラグビーの試合《しあい》が終《お》わると敵味《てきみ》方関係《かたかんけい》なくお互《たが》いをたたえ合《あ》う。

【ラグビーの基本用語《きほんようご》⑥　ラインアウト】

タッチラインの外《そと》にボールが出《で》たときに、タッチラインに対《たい》して直角《ちょっかく》に並《なら》んだ両《りょう》チームの選手《せんしゅ》の間《あいだ》にボールを投《な》げ入《い》れ、ボールを奪《うば》い合《あ》うプレー再開《さいかい》の方法《ほうほう》。

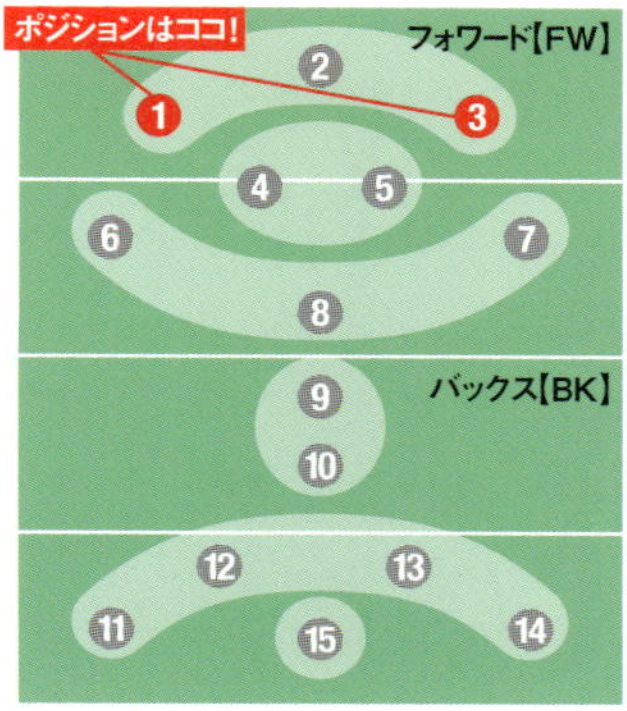

ポジションの解説《かいせつ》

プロップ

FWの最前線《さいぜんせん》の左右《さゆう》に入《はい》るのがプロップ。「支柱《しちゅう》、支《ささ》える人《ひと》」という意味《いみ》があり、その名《な》のとおりスクラムを支《ささ》えるポジションです。

スクラムを支《ささ》える強靭《きょうじん》な肉体《にくたい》!

スクラムの最前列《さいぜんれつ》に位置《いち》。ふんばって相手《あいて》を押《お》す強《つよ》い力《ちから》が求《もと》められる。大柄《おおがら》な選手《せんしゅ》向きのポジションだ。

いちばん大事《だいじ》なのは首《くび》の筋肉《きんにく》!?

スクラムを組《く》むためには「首《くび》の強《つよ》さ」が重要《じゅうよう》になる。太《ふと》い首《くび》と強《つよ》い体幹《たいかん》が求《もと》められるポジションだ。

みんなが尊敬《そんけい》するスーパーマン!

スクラムを組《く》んだ後《あと》にすぐ走《はし》り出《だ》すのは、とてもハード。それを黙々《もくもく》とやるプロップは、スーパーマンだ！

大野選手《おおのせんしゅ》の目《め》!

スクラムでは両肩《りょうかた》が相手《あいて》に挟《はさ》まれる右《みぎ》プロップを助《たす》けるよう、左《ひだり》プロップが全体《ぜんたい》の力《ちから》をまとめていきます。

世界《せかい》&日本《にほん》のトッププレイヤー

畠山健介《はたけやまけんすけ》

2011、15年《ねん》のワールドカップで日本代表《にほんだいひょう》でした。スクラムの駆《か》け引《ひ》きも上手《うま》く、走力《そうりょく》もあり、もともとバスケットをしていたのもあってかハンドリングスキルも高《たか》い。いま風《ふう》のプロップです。

ポジションの解説《かいせつ》

フッカー

FW最前線《さいぜんせん》の中央《ちゅうおう》に位置《いち》するフッカー。チームの「背骨《せぼね》」のような存在《そんざい》でとても重要《じゅうよう》な役割《やくわり》を任《まか》される。パワーと技術《ぎじゅつ》の両方《りょうほう》が求《もと》められる。

パワーはもちろん、技術《ぎじゅつ》も必要《ひつよう》!

プロップと同様《どうよう》に強靭《きょうじん》な体《からだ》とパワーが求《もと》められるが、スクラム時《じ》に足《あし》でボールをかき出《だ》したりと、ボール運《はこ》びの技術《ぎじゅつ》も必要《ひつよう》。

セットプレーでもキーマンになる!

スクラムでは舵取《かじと》り役《やく》、ラインアウトではスローワーと、セットプレーでも重要《じゅうよう》なポジションを任《まか》せられる。

FWをまとめるオールラウンダー!

トップレベルのフッカーは、高《たか》いパス技術《ぎじゅつ》、スピード、そしてFWをまとめるキャプテンシーを持《も》つ選手《せんしゅ》が多《おお》い。

世界《せかい》&日本《にほん》のトッププレイヤー

堀江翔太《ほりえしょうた》

海外《かいがい》でも活躍《かつやく》する堀江選手《ほりえせんしゅ》は、2009年《ねん》に初《はじ》めて日本代表《にほんだいひょう》のジャージィをもらって会場《かいじょう》へ行《い》く時《とき》、音楽《おんがく》を聴《き》きながらパーカッションを叩《たた》いていました。気負《きお》いなくラグビーを楽《たの》しんでいる印象《いんしょう》でした。

大野選手《おおのせんしゅ》の目《め》!

国内《こくない》トップ級《きゅう》では他《ほか》のポジションからの転向組《てんこうぐみ》が多数《たすう》。皆《みな》、攻撃《こうげき》が上手《うま》くバランスが取《と》れています。

ポジションの解説《かいせつ》

ロック

ロックとは「LOCK＝固定《こてい》する、カギをかける」という意味《いみ》があり、その名《な》のとおりスクラムをがっちりと固定《こてい》し、体《からだ》を張《は》るポジションだ!

チームの中《なか》でも背《せ》の高《たか》い選手《せんしゅ》が多《おお》い

トップレベルの選手《せんしゅ》はほとんどが身長《しんちょう》190センチ以上《いじょう》。背《せ》の高《たか》い選手《せんしゅ》が任《まか》されることが多《おお》い。

体《からだ》を張《は》ってチームを盛《も》り上《あ》げる!

がっしりとした体格《たいかく》とパワーを生《い》かし、相手《あいて》にタックルしたり、突進《とっしん》したりするのも役割《やくわり》。

身長《しんちょう》を生《い》かして空中戦《くうちゅうせん》を制《せい》す!

ラインアウトやキックオフの時《とき》は身長《しんちょう》やジャンプ力《りょく》を生《い》かして浮《う》いたボールをキャッチ。空中戦《くうちゅうせん》の主役《しゅやく》だ。

大野選手《おおのせんしゅ》の目《め》!

肝《きも》は我慢強《がまんづよ》さ。痛《いた》がらず、弱気《よわき》にならず、苦《くる》しい時《とき》こそ接点《せってん》に身体《からだ》をねじ込《こ》むポジションです。

世界《せかい》&日本《にほん》のトッププレイヤー

ビクター・マットフィールド

ワールドカップで戦《たたか》った南《みなみ》アフリカ代表《だいひょう》選手《せんしゅ》。いらだたせようと接点《せってん》で顔《かお》を地面《じめん》に押《お》さえつけましたが、本人《ほんにん》は何食《なにく》わぬ顔《かお》で立《た》ち上《あ》がって次《つぎ》のプレーへ。逆《ぎゃく》に、自分《じぶん》の小《ちい》ささを思《おも》い知《し》らされました。

ポジションの解説《かいせつ》

フランカー

スクラムを左右両方《さゆうりょうほう》から押《お》し込《こ》み、タックル、サポート、ランで存在感《そんざいかん》を発揮《はっき》。グラウンドをところ狭《せま》しと動《うご》き回《まわ》る。

豊富《ほうふ》な運動量《うんどうりょう》でチームに貢献《こうけん》する!

フランカーに求《もと》められるのは、なによりもまず「運動量《うんどうりょう》」。1試合通《しあいとお》して走《はし》り回《まわ》るスタミナが求《もと》められる。

味方《みかた》をつねにサポートする仕事人《しごとにん》!

相手《あいて》の攻撃《こうげき》を止《と》めたり、タックルされた味方《みかた》のサポートをしたりする仕事人《しごとにん》。たくさんのプレーに絡《から》んでほしい。

ボールを狙《ねら》うグラウンド内《ない》の狩人《かりうど》!

タックルしてもすぐに起《お》き上《あ》がり、ボールに絡《から》んでもぎ取《と》ってくる、ハンターとしての役割《やくわり》も求《もと》められる。

世界《せかい》&日本《にほん》のトッププレイヤー

ジョージ・スミス

日本《にほん》でも活躍《かつやく》した元《もと》オーストラリア代表《だいひょう》。多《おお》くの選手《せんしゅ》が反則《はんそく》を怖《こわ》がって手《て》を出《だ》せないラックに自信《じしん》を持《も》って手《て》を入《い》れ、球《たま》を奪《うば》います。ぎりぎりの線《せん》を攻《せ》めるかどうかの感覚《かんかく》を、身体《からだ》が覚《おぼ》えているのでは。

大野選手《おおのせんしゅ》の目《め》!

相手《あいて》を仕留《しと》める機会《きかい》や大《おお》きく突破《とっぱ》する機会《きかい》を虎視眈々《こしたんたん》と狙《ねら》う位置《いち》。いい意味《いみ》でギラついた感《かん》じが必要《ひつよう》です。

ポジションの解説《かいせつ》

ナンバーエイト

背番号《せばんごう》が8であることから「ナンバーエイト」と呼《よ》ばれる。チームをプレー面《めん》、精神面《せいしんめん》の両方《りょうほう》で支《ささ》えるFW陣《じん》の花形《はながた》ポジション。

スクラムの最後尾《さいこうび》から攻撃《こうげき》の起点《きてん》になる!

スクラムの最後方《さいこうほう》に入《はい》り、相手《あいて》フランカーのタックルに負《ま》けず、ラインブレイクする。攻撃《こうげき》の起点《きてん》になることもある。

オールラウンドな能力《のうりょく》が求《もと》められる!

パワー自慢《じまん》がそろうFWの中《なか》でも、特《とく》に身体能力《しんたいのうりょく》、技術《ぎじゅつ》の高《たか》さが求《もと》められる。世界《せかい》でもこのポジションは「怪物《かいぶつ》」ぞろい!

精神的支柱《せいしんてきしちゅう》としてキャプテンも多《おお》い

どんな状況《じょうきょう》でも「あの選手《せんしゅ》なら何《なん》とかしてくれる」と仲間《なかま》から信頼《しんらい》される選手《せんしゅ》。キャプテンを任《まか》されることも多《おお》い。

大野選手《おおのせんしゅ》の目《め》!

攻撃《こうげき》より守備《しゅび》で貢献《こうけん》する方《ほう》が信頼《しんらい》を勝《か》ち得《え》る印象《いんしょう》。私《わたし》も経験《けいけん》がありますが、楽《たの》しい分《ぶん》、責任重大《せきにんじゅうだい》でした。

世界《せかい》&日本《にほん》のトッププレイヤー

ローレンス・ダラーリオ

元《もと》イングランド代表《だいひょう》。ボールを持《も》ったら確実《かくじつ》に突破《とっぱ》し、相手《あいて》が前進《ぜんしん》した先《さき》へ戻《もど》ってタックル。日本代表《にほんだいひょう》の先輩《せんぱい》でキャプテン経験《けいけん》のある箕内拓郎《みうちたくろう》さんにも、ダラーリオと同《おな》じ印象《いんしょう》を受《う》けました。

ポジションの解説《かいせつ》

スクラムハーフ

スクラムなど、密集《みっしゅう》の後《うし》ろからパスをさばき続《つづ》ける。ときにはラン、キックもくり出《だ》す攻撃《こうげき》の起点《きてん》。小柄《こがら》な選手《せんしゅ》が多《おお》い。

素早《すばや》さが求《もと》められ小柄《こがら》な選手《せんしゅ》も多《おお》い

地面《じめん》からボールを拾《ひろ》ってパスを出《だ》すので、小回《こまわ》りが利《き》く小柄《こがら》な選手《せんしゅ》が任《まか》されることが多《おお》い。

視野《しや》の広《ひろ》さとパス技術《ぎじゅつ》が大切《たいせつ》!

密集《みっしゅう》からボールを供給《きょうきゅう》する役割《やくわり》があるので、高《たか》いパス技術《ぎじゅつ》が必要《ひつよう》。視野《しや》が広《ひろ》く、グラウンドを見渡《みわた》せる能力《のうりょく》が重要《じゅうよう》だ。

味方《みかた》にしっかりと指示《しじ》を出《だ》せる性格《せいかく》!

自分《じぶん》よりも大《おお》きなFWの選手《せんしゅ》に対《たい》してしっかりと指示《しじ》を出《だ》さなくてはならない自己主張《じこしゅちょう》の強《つよ》い選手《せんしゅ》が向《む》いている!

世界《せかい》&日本《にほん》のトッププレイヤー

田中史朗《たなかふみあき》

日本代表《にほんだいひょう》ではよくエディー・ジョーンズ前《ぜん》ヘッドコーチに意見《いけん》。それがかえってかわいいと思《おも》われていたのではないでしょうか。監督《かんとく》にものを言《い》えるくらいの考《かんが》え、芯《しん》の必要性《ひつようせい》を感《かん》じさせられます。

大野選手《おおのせんしゅ》の目《め》!

個人的《こじんてき》には、「9人目《にんめ》のフォワード」のような身体《からだ》を張《は》ってくれるタイプのスクラムハーフが好《す》きです。

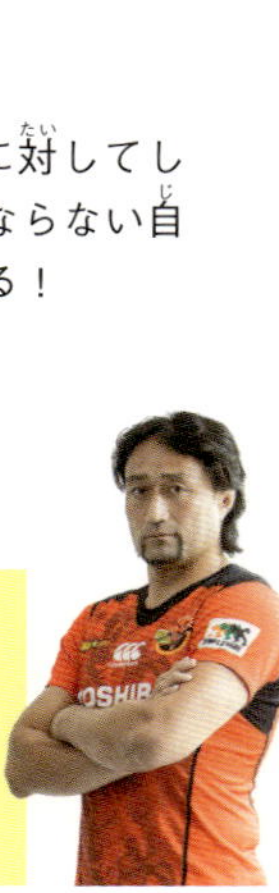

ポジションの解説《かいせつ》

スタンドオフ

スクラムハーフからボールを受《う》け取《と》った後《あと》、状況《じょうきょう》に応《おう》じてどんなプレーを選《えら》ぶかを決《き》める「司令《しれい》塔《とう》」。チームの勝敗《しょうはい》を左右《さゆう》するポジションだ。

誰《だれ》よりもラグビーを理解《りかい》し、的確《てきかく》な指示《しじ》を出《だ》す

チームの攻撃《こうげき》の「方向性《ほうこうせい》」を決《き》めるため、ラグビーにくわしく、的確《てきかく》な指示《しじ》を出《だ》せなければいけない。

味方《みかた》を生《い》かすパスを出《だ》す!

チームの中《なか》でもいちばん多《おお》くパスをするので、正確《せいかく》かつ素早《すばや》いパス技術《ぎじゅつ》と広《ひろ》い視《し》野《や》が必要《ひつよう》になる。

相手《あいて》のFWにタックルすることも!

相手《あいて》FWと近《ちか》いポジションなので、ディフェンス時《じ》には自分《じぶん》よりも大《おお》きな選手《せんしゅ》にタックルすることもある。

大野《おおの》選手《せんしゅ》の目《め》!

プレー選択《せんたく》時《じ》は端的《たんてき》な言葉《ことば》で。それが間違《まちが》った判断《はんだん》でも、自信《じしん》を持《も》った指示《しじ》があればチームに芯《しん》が通《とお》ります。

世界《せかい》&日本《にほん》のトッププレイヤー

ダン・カーター

元《もと》ニュージーランド代表《だいひょう》。まぎれもなく「世界《せかい》トップ」の選手《せんしゅ》のひとりです。昨《さく》年《ねん》からは日本《にほん》のトップリーグ・神戸製鋼《こうべせいこう》でプレー。日本《にほん》で彼《かれ》のプレーが見《み》られるなんて、信《しん》じられません。

ポジションの解説《かいせつ》

センター

バックスラインの中心《ちゅうしん》として、攻守《こうしゅ》を展開《てんかい》するポジション。高《たか》いオフェンス能力《のうりょく》と、力強《ちからづよ》いタックルが求《もと》められる。

スピード、パワー、パス技術《ぎじゅつ》も必要《ひつよう》!

「ラン」「パス」など幅広《はばひろ》く攻撃《こうげき》を展開《てんかい》するため、オールラウンダーとしての能力《のうりょく》が求《もと》められる。

チームを奮《ふる》い立《た》たせるハードタックラー!

トップレベルのセンターは、チームのピンチの時《とき》、一撃《いちげき》で相手《あいて》を倒《たお》すタックルを見《み》せ、味方《みかた》を勇気《ゆうき》づける。

トライゲッターとしてチームの得点源《とくてんげん》に!

しっかりとボールをキープしながら、チャンスを見《み》つけて自《みずか》ら トライを奪《うば》う決定《けってい》力《りょく》のある選手《せんしゅ》が向《む》いている。

世界《せかい》&日本《にほん》のトッププレイヤー

立川理道《たてかわはるみち》

ワールドカップイングランド大会《たいかい》の南《みなみ》アフリカ代表戦《だいひょうせん》では、試合直前《しあいちょくぜん》に日本代表《にほんだいひょう》の先発《せんばつ》メンバー入《い》り。相手《あいて》のスタンドオフに身体《からだ》を当《あ》て続《つづ》けながら、勝負《しょうぶ》どころでパスを放《はな》ってトライを演出《えんしゅつ》しました。

大野選手《おおのせんしゅ》の目《め》!

学生《がくせい》の時《とき》に1回《かい》だけ経験《けいけん》しましたが、常《つね》に上下動《じょうげどう》する一番《いちばん》きついポジションだと感《かん》じました。

ポジションの解説《かいせつ》

ウイング

バックスラインでもっとも外側《そとがわ》にポジションをとることから「翼《つばさ》＝ウイング」と呼《よ》ばれる。スピード、ステップワークなどラン技術《ぎじゅつ》が必要《ひつよう》。

チームで一番《いちばん》、足《あし》の速《はや》い選手《せんしゅ》がつとめる!

相手選手《あいてせんしゅ》のタックルを振《ふ》り切《き》り、ライン際《ぎわ》を駆《か》け抜《ぬ》けてトライを奪《うば》う「スピードスター」がウイングになることが多《おお》い。

味方《みかた》がつないだパスを得点《とくてん》に結《むす》びつける

攻撃時《こうげきじ》には最終的《さいしゅうてき》にウイングにパスをつなぐことが多《おお》い。味方《みかた》がつないだパスを得点《とくてん》に結《むす》びつける「決定力《けっていりょく》」が必要《ひつよう》だ。

声《こえ》でディフェンスをコントロール!

ディフェンスラインの一番外《いちばんそと》にいることが多《おお》い。相手《あいて》の陣形《じんけい》を見《み》て大《おお》きな声《こえ》で内側《うちがわ》に指示《しじ》を出《だ》して、味方《みかた》を助《たす》ける。

大野選手《おおのせんしゅ》の目《め》!

普段《ふだん》から愚直《ぐちょく》に練習《れんしゅう》して仲《なか》間《ま》を気遣《きづか》う選手《せんしゅ》ほど、「またあいつにボールを渡《わた》そう」と信頼《しんらい》されます。

世界《せかい》&日本《にほん》のトッププレイヤー

廣瀬俊朗《ひろせとしあき》

特別足《とくべつあし》が速《はや》いわけではないですが、人《にん》間性《げんせい》が素晴《すば》らしく機転《きてん》が利《き》く選手《せんしゅ》です。スタンドオフでもプレーできるので、味《み》方《かた》スタンドオフがラインにいない場合《ばあい》は代《か》わりに皆《みな》へ指示《しじ》を出《だ》してもくれます。

ポジションの解説《かいせつ》

フルバック

高《たか》いキック技術《ぎじゅつ》に加《くわ》え、ゴールラインを守《まも》る最後《さいご》の砦《とりで》としてのディフェンス能力《のうりょく》も重要《じゅうよう》。有名《ゆうめい》な五郎丸歩選手《ろうまるあゆむせんしゅ》も、このポジションだ。

チームでいちばん、キックが上手《うま》い選手《せんしゅ》!

相手《あいて》のキックを受《う》けて蹴《け》り返《かえ》すことも多《おお》いため、高《たか》いキック技術《ぎじゅつ》が求《もと》められる。ペナルティキックを蹴《け》ることも多《おお》い。

ディフェンスではチームの“最後《さいご》の砦《とりで》”に!

チームの中《なか》でもっとも後《うし》ろのポジション。ゴールラインを守《まも》る最後《さいご》の砦《とりで》として、相手《あい》《て》の突進《とっしん》を止《と》めるタックルスキルも必要《ひつよう》。

時《とき》には大胆《だいたん》にアタック!

キックだけでなく、時《とき》には鋭《するど》いステップとスピードで相手《あいて》ディフェンスを切《き》り裂《さ》く大胆《だいたん》さも必要《ひつよう》だ。

世界《せかい》&日本《にほん》のトッププレイヤー

立川剛士《たちかわごうし》

日本代表経験《にほんだいひょうけいけん》もある東芝《とうしば》の先輩《せんぱい》で、暴力《ぼうりょく》的《てき》とも言《い》えるランが魅力《みりょく》でした。ステップを踏《ふ》めばよさそうなところでも全力《ぜんりょく》で衝突《しょうとつ》……。相手《あいて》にとっては手強《てごわ》く、味方《みかた》にとっては心強《こころづよ》い選手《せんしゅ》でした。

大野選手《おおのせんしゅ》の目《め》!

責任感《せきにんかん》のある人向《ひとむ》きです。攻撃《こうげき》では忍者《にんじゃ》のような神出《しんしゅつ》鬼没《きぼつ》のライン参加《さんか》が求《もと》められます。

おもな反則《はんそく》

ラグビーの試合中《しあいちゅう》に禁止《きんし》されている行為《こうい》。

体《からだ》を激《はげ》しくぶつけ合《あ》うラグビーでは、選手《せんしゅ》のケガを防《ふせ》ぐために反則行為《はんそくこうい》が細《こま》かに決《き》められている。ここでは、試合中《しあいちゅう》にしてはいけない代表的《だいひょうてき》なプレーをいくつか紹介《しょうかい》する。

【オーバーザトップ】

モールやラックになった状態《じょうたい》で守備側《しゅびがわ》の選手《せんしゅ》が相手側《あいてがわ》に倒《たお》れ込《こ》み、ボールが出《で》るのを防《ふせ》ぐ行為《こうい》。相手《あいて》チームにペナルティキックが与《あた》えられる。

【オフサイド】

ボールを持《も》っている選手《せんしゅ》より前《まえ》にいる選手《せんしゅ》がプレーに参加《さんか》すること。ボールにさわることはもちろん、ボールより前《まえ》で相手選手《あいてせんしゅ》を妨害《ぼうがい》したりすることも禁止《きんし》されている。相手《あいて》チームにペナルティキックが与《あた》えられる。

【ショルダーチャージ】

相手《あいて》をつかまえようとせずに、肩《かた》やひじから相手《あいて》にぶつかっていくこと。

【スローフォワード】

ボールを前《まえ》に投《な》げてしまうこと。相手《あいて》ボールのスクラムで試合《しあい》が再開《さいかい》される。

【ノックオン】

ボールを持《も》っている選手《せんしゅ》がボールを自分《じぶん》より前《まえ》に落《お》としたり、パスを受《う》けようとした選手《せんしゅ》がボールを捕《と》りそこなって前《まえ》に落《お》としてしまうこと。相手《あいて》ボールのスクラムで試合《しあい》が再開《さいかい》される。

【ノットストレート】

スクラムやラインアウトのときに、ボールを投《な》げ入《い》れる選手《せんしゅ》が両《りょう》チームの間《あいだ》にまっすぐボールを投《な》げ入《い》れないこと。相手《あいて》ボールのスクラムで試合《しあい》が再開《さいかい》される。

【ノットリリースザボール】

タックルを受《う》けて倒《たお》された選手《せんしゅ》が、ボールをすぐに手放《てばな》さなかったときの反則《はんそく》。相《あい》手《て》チームにペナルティキックが与《あた》えられる。

【ノーボールタックル】

ボールを持《も》っていない選手《せんしゅ》にタックルすること。相手選手《あいてせんしゅ》がボールを受《う》ける直前《ちょくぜん》やパスを出《だ》した直後《ちょくご》に起《お》こることが多《おお》い。相手《あいて》チームにペナルティキックが与《あた》えられる。

【ハイタックル】

相手《あいて》の肩《かた》より上《うえ》（頭《あたま》や首《くび》）に対《たい》してタックルをする危険《きけん》な行為《こうい》。相手《あいて》チームにペナルティキックが与《あた》えられる。

【ホールディング】

タックルした選手《せんしゅ》がタックル後《ご》に相手選手《あいてせんしゅ》を離《はな》さず、次《つぎ》のプレーを妨害《ぼうがい》すること。相手《あいて》チームにペナルティキックが与《あた》えられる。

【妨害《ぼうがい》プレー】

ボールを持《も》っていない選手《せんしゅ》の進路《しんろ》を妨害《ぼうがい》したり、体《からだ》やジャージィをつかんで動《うご》きにくくすること。


【不当《ふとう》なプレー】

わざと反則《はんそく》したり、ボールを外《そと》に出《だ》して時間《じかん》かせぎをすることなど。


【反則《はんそく》の繰《く》り返《かえ》し】

同《おな》じチーム、同《おな》じ選手《せんしゅ》が同《おな》じ反則《はんそく》を繰《く》り返《かえ》すこと。たとえわざとではなくても2回《かい》目《め》の場合《ばあい》は相手《あいて》チームにペナルティキックが与《あた》えられることがある。


【危険《きけん》なプレー】

相手《あいて》をなぐる、蹴《け》る、ふみつける、投《な》げるといった危険《きけん》な行為《こうい》。反則《はんそく》に対《たい》する仕返《しかえ》しやスポーツマンシップに反《はん》すること。

第《だい》3章《しょう》

ラグビー、どうプレーする？

パス、タックル、ラン、キックなど、ラグビーをするうえで基《き》本《ほん》となる動《うご》きと、その練《れん》習《しゅう》方《ほう》法《ほう》を写《しゃ》真《しん》や解《かい》説《せつ》付きで丁《てい》寧《ねい》に紹《しょう》介《かい》します。

タックル＆ラン

ボールを相手《あいて》ゴールエリアまで運《はこ》ぶと得点《とくてん》になるラグビー。攻撃《こうげき》の基本《きほん》は、ボールを「持《も》って走《はし》る」、逆《ぎゃく》に守備《しゅび》の基本《きほん》は「ボールを持《も》って走《はし》る相手《あいて》をタックルで止《と》める」ことだ。この基本《きほん》をマスターすることが、ラグビー上級者《じょうきゅうしゃ》への第一歩《だいいっぽ》になる。

ボールを持《も》ったまま相手《あいて》ゴールエリアにトライすると得点《とくてん》が奪《うば》える。「走《はし》ること」はラグビーの基本《きほん》だ。

大野選手《おおのせんしゅ》のアドバイス

正《ただ》しいフォームって？

ランの基本《きほん》は「重心《じゅうしん》を低《ひく》くする」こと。そうすることで走《はし》りが安定《あんてい》し、タックルされても倒《たお》れにくい力強《ちからづよ》い走《はし》りができる。ただ、小学生《しょうがくせい》のうちは重心《じゅうしん》を意識《いしき》しすぎるとスピードが出《で》にくいので、まずは「速《はや》く」走《はし》ることを第一《だいいち》に考《かんが》えよう。

【ボールの持《も》ち方《かた》】

ボールはどう持《も》つ？

ボールを離《はな》さないように、両手《りょうて》でしっかりと持《も》つのが基本《きほん》。ただし、前方《ぜんぽう》にスペースがあったり、ステップで相手《あいて》を抜《ぬ》くときなど、状況《じょうきょう》に応《おう》じて片手《かたて》に持《も》ちかえることもある。

POINT

両手《りょうて》でボールを持《も》ちながら、腕《うで》の振《ふ》りに合《あ》わせてボールを左右《さゆう》に振《ふ》ることで、スピードを落《お》とさずに走《はし》ることができる。

NG

ボールが体《からだ》に近《ちか》すぎる

ボールが体《からだ》に近《ちか》すぎると、腕《うで》を振《ふ》りにくく、パスなどの動作《どうさ》にうつりにくい。適度《てきど》に体《からだ》から離《はな》して「余裕《よゆう》」を持《も》たせよう。

横《よこ》へのステップ
（サイドステップ）

ステップは、ボールを持《も》ったまま相手《あいて》を抜《ぬ》き去《さ》るために必要《ひつよう》な技術《ぎじゅつ》。特《とく》にサイドステップは狭《せま》いスペースで相手《あいて》をかわし、パスやランなど、次《つぎ》の動作《どうさ》にも移行《いこう》しやすい。相手《あいて》の動《うご》きを読《よ》んで、スピードの緩急《かんきゅう》も使《つか》うのがポイントだ。

1
相手《あいて》との間合《まあ》いを詰《つ》める

ボールを持《も》ったまま相手《あいて》との距離《きょり》を詰《つ》めていく。距離《きょり》が空《あ》いたまま抜《ぬ》こうとしても、タックルで止《と》められてしまう。

2
抜《ぬ》く方向《ほうこう》とは逆側《ぎゃくがわ》に、一歩《いっぽ》ステップする

抜《ぬ》こうとする方向《ほうこう》とは逆《ぎゃく》の方向《ほうこう》に、足《あし》を一歩《いっぽ》踏《ふ》み出《だ》す。

POINT

逆方向《ぎゃくほうこう》にステップすることで相手《あいて》の重心《じゅうしん》が移動《いどう》し、抜《ぬ》きやすくなる。

3
踏《ふ》み込《こ》んだ足《あし》を強《つよ》く蹴《け》って、相手《あいて》を抜《ぬ》き去《さ》る

ステップした足《あし》を強《つよ》く蹴《け》り、逆方向《ぎゃくほうこう》へ一気《いっき》に方向転《ほうこうてん》換《かん》する。動《うご》きはできるだけ小《ちい》さく、素早《すばや》く相手《あいて》を抜《ぬ》き去《さ》ろう。

POINT

最初《さいしょ》のステップで相手《あいて》の重心《じゅうしん》を移動《いどう》させ、その逆側《ぎゃくがわ》に一気《いっき》に抜《ぬ》き去《さ》ろう。間合《まあ》い、タイミングに注意《ちゅうい》して！

4
一気《いっき》に加速《かそく》して相手《あいて》を置《お》き去《ざ》りに

相手《あいて》を抜《ぬ》いたら一気《いっき》にスピードに乗《の》り、相手《あいて》を置《お》き去《ざ》りにする。スピードに緩急《かんきゅう》をつけるのも重要《じゅうよう》だ。

スピードを生《い》かして相手《あいて》を抜《ぬ》く（スワープ）

相手《あいて》の後《うし》ろにスペースがあるときは、スピードを生《い》かして「弧《こ》を描《えが》く」ように相手《あいて》を抜《ぬ》き去《さ》ろう。トップスピードを維持《いじ》できるので、上手《うま》く相手《あいて》を抜《ぬ》くことができればそのままトライまで持《も》ち込《こ》めるかもしれない。

1 相手《あいて》との間合《まあ》いを詰《つ》める

ボールを持《も》ったまま、相手《あいて》との間合《まあ》いを詰《つ》めていく。このとき、相手《あいて》の後《うし》ろにスペースがあるかをしっかりと確認《かくにん》する。

POINT

スペースがどこにあるのかをしっかりと見極《みきわ》めて、そこに向《む》かって走《はし》り込《こ》む。相手《あいて》がタックルに来《こ》られない間合《まあ》いでスピードを上《あ》げるのも重要《じゅうよう》だ。

2 スペースを見《み》つけたら一気《いっき》に加速《かそく》する

相手《あいて》の後《うし》ろ、もしくはサイドにスペースを見《み》つけたら、一《いっ》瞬《しゅん》のスキを狙《ねら》って方向転換《ほうこうてんかん》し、スペースに向《む》けて走《はし》り込《こ》む。

3 弧《こ》を描《えが》きながら相手《あいて》を置《お》き去《ざ》りにする

スペースに向《む》かって「弧《こ》を描《えが》く」ようなイメージで走《はし》り込《こ》み、スピードを上《あ》げて相手《あいて》を一気《いっき》に抜《ぬ》き去《さ》る。

POINT

トップスピードを維持《いじ》するため、走《はし》るコースは「弧《こ》を描《えが》く」イメージで。広《ひろ》いスペースに向《む》かって一気《いっき》に加速《かそく》しよう。

ランの応用《おうよう》

細《こま》かいステップの練習法《れんしゅうほう》

細《こま》かなステップなど、フットワークを高《たか》めるには実戦練習《じっせんれんしゅう》はもちろん、日々《ひび》の基礎《きそ》練習《れんしゅう》が大切《たいせつ》になってくる。地味《じみ》な練習《れんしゅう》に思《おも》えるかもしれないが、しっかりと行《おこな》えば体力《たいりょく》もついて今《いま》まで以上《いじょう》にスピード、クイックネスが上昇《じょうしょう》するはずだ。

ラダー（はしご）を使《つか》った練習法《れんしゅうほう》

ラグビー以外《いがい》のスポーツでもフットワークの練習《れんしゅう》によく使《つか》われるラダー（はしご）。練習法《れんしゅうほう》はさまざまだが、細《こま》かなステップワークを身《み》につけることができる。

ミニハードルを使《つか》った練習法《れんしゅうほう》

フットワークはもちろん、体力《たいりょく》づくりや練習《れんしゅう》のウォーミングアップにも最適《さいてき》。細《こま》かなステップが自然《しぜん》と身《み》につくので、俊敏性《しゅんびんせい》を高《たか》めたいときにも有効《ゆうこう》だ。

大野選手《おおのせんしゅ》のアドバイス

フットワークの練習《れんしゅう》は地味《じみ》だけどつらい。でも、しっかりやれば確実《かくじつ》に技術《ぎじゅつ》が身《み》につくので真面目《まじめ》に取《と》り組《く》もう！

ラン《》の応用《おうよう》

タックルのかわし方《かた》
(ハンドオフ)

相手《あいて》からタックルされたとき、スピードやステップだけではかわせない場面《ばめん》では相《あい》手《て》の肩《かた》や頭《あたま》など、身体《しんたい》の一部《いちぶ》を押《お》したり押《お》さえたりしてタックルをかわす「ハンドオフ」が有効《ゆうこう》。ギリギリまで引《ひ》きつけて、相手《あいて》をしっかりとかわそう。

1
相手《あいて》との間合《まあ》いを詰《つ》める

ボールを持《も》ったまま、相手《あいて》との距離《きょり》を詰《つ》めていく。ステップやスピードで抜《ぬ》くときよりも、ギリギリまで相手《あいて》を引《ひ》きつけよう。

POINT

手《て》を伸《の》ばすのは、できるだけ相手《あいて》を引《ひ》きつけてから。しっかりとタイミングを見《み》極《きわ》めよう。

2
相手《あいて》の肩《かた》を押《お》す

ボールを片手《かたて》で持《も》ち、空《あ》いている方《ほう》の手《て》でタックルに来《き》た相手《あいて》の肩《かた》を押《お》す。

3
相手《あいて》を押《お》す勢《いきお》いを使《つか》って一気《いっき》に抜《ぬ》き去《さ》る

相手《あいて》の肩《かた》を押《お》した勢《いきお》いを使《つか》って一気《いっき》に加速《かそく》し、抜《ぬ》き去《さ》る。

前《まえ》からのタックル（フロントタックル）

走《はし》ってくる相手《あいて》を正面《しょうめん》から止《と》める「フロントタックル」は、タックルの基本《きほん》テクニック。相手《あいて》を倒《たお》す、もしくは止《と》めることでボールを運《はこ》ばれることを防《ふせ》ぎ、得点《とくてん》のチャンスをつぶす。どのポジションでも必要《ひつよう》な技術《ぎじゅつ》なので、しっかりと練習《れんしゅう》しよう。

1 頭《あたま》を上《あ》げた状態《じょうたい》で止《と》めにいく

頭《あたま》を上《あ》げた状態《じょうたい》のまま相手《あいて》との間合《まあ》いをつめ、自分《じぶん》から当《あ》たりにいく。

2 相手《あいて》の足《あし》に向《む》かって勢《いきお》いよく当《あ》たる

頭《あたま》を上《あ》げ、背中《せなか》をしっかりと伸《の》ばすことを意識《いしき》しつつ、勢《いきお》いよく相手《あいて》の足《あし》に向《む》かってタックルする。そのまま相手《あいて》を進行方向《しんこうほうこう》とは逆《ぎゃく》に倒《たお》したり、押《お》し込《こ》んでいく。

NG

頭《あたま》が下《さ》がり、腰《こし》が上《あ》がって背中《せなか》が丸《まる》まってしまうと力《ちから》が分《ぶん》散《さん》してしまう。けがの原因《げんいん》にもなるので注意《ちゅうい》しよう。

大野選手《おおのせんしゅ》のアドバイス

タックルの基本《きほん》は「勇気《ゆうき》」だ!

基本姿勢《きほんしせい》やスピード、当《あ》たるタイミングはもちろん大切《たいせつ》だけど、一番重要《いちばんじゅうよう》なのは相手《あいて》に向《む》かっていく「勇気《ゆうき》」。まずは怖《こわ》がらず、相手《あいて》に思《おも》い切《き》りぶつかっていけるように繰《く》り返《かえ》し練習《れんしゅう》しよう。

タックルの応用《おうよう》

横《よこ》からのタックル（サイドタックル）

フロントタックルとは違《ちが》い、相手《あいて》の横《よこ》からタックルにいくのが「サイドタックル」。実際《じっさい》の試合《しあい》では、正面《しょうめん》よりも横《よこ》から当《あ》たるケースも多《おお》いため、実戦的《じっせんてき》。確実《かくじつ》にマスターしておきたい基本《きほん》テクニックだ。

1 相手《あいて》との間合《まあ》いを詰《つ》める

ステップなどでかわそうとしてくる相手《あいて》に対《たい》し、しっかりと間合《まあ》いを詰《つ》めてタックルにいく。

2 頭《あたま》を下《さ》げて相手《あいて》の足《あし》に向《む》かっていく

間合《まあ》いを詰《つ》めたら腰《こし》を落《お》とし、低《ひく》い姿勢《しせい》を作《つく》って相手《あいて》の足《あし》に向《む》かって突《つ》っ込《こ》む。

3 相手《あいて》の足《あし》に向《む》かってタックルする

相手《あいて》に当《あ》たる側《がわ》の足《あし》（写真《しゃしん》では左足《ひだりあし》）に向《む》かって両手《りょうて》でしっかりと突《つ》っ込《こ》む。そのまま相手《あいて》を倒《たお》すことができればベスト。

タックルの応用《おうよう》

基本《きほん》の練習法《れんしゅうほう》

いきなり実戦《じっせん》でタックルを決《き》めようと思《おも》っても、恐怖心《きょうふしん》が邪魔《じゃま》をして上手《うま》くいかないことが多《おお》い。まずは基本《きほん》の姿勢《しせい》を意識《いしき》した練習《れんしゅう》を繰《く》り返《かえ》すことで少《すこ》しずつタックルすることに慣《な》れ、タックルへの恐怖心《きょうふしん》を克服《こくふく》しよう。

1 ひざ立《だ》ちで相手《あいて》に正対《せいたい》する

相手《あいて》の正面《しょうめん》でひざ立《だ》ちの姿勢《しせい》をとる。目線《めせん》はタックルのターゲットとなる両足《りょうあし》を見《み》る。

2
相手《あいて》の両足《りょうあし》をつかむ

相手《あいて》の両足《りょうあし》をしっかりとつかんで強《つよ》く引《ひ》きつけ、バランスを崩《くず》す。

3
相手《あいて》を後方《こうほう》に向《む》かって倒《たお》す

両腕《りょううで》を引《ひ》きつけたまま、体重《たいじゅう》をかけて相手《あいて》を後方《こうほう》に押《お》し倒《たお》す。

パスの投《な》げ方《かた》（ストレートパス）

ラグビーにおける攻撃《こうげき》の基本《きほん》はボールを持《も》って走《はし》ることだが、走《はし》るコースがなかったり相手《あいて》のタックルで止《と》められそうな場合《ばあい》は味方《みかた》にパスを出《だ》すことも必要《ひつよう》になる。相手《あいて》が捕《と》りやすいパスを心《こころ》がけて、しっかりと基本《きほん》をマスターしよう。

近《ちか》い距離《きょり》の相手《あいて》に対《たい》し、ボールに回転《かいてん》をかけずに正確《せいかく》に出《だ》すのが「ストレートパス」。パス技術《ぎじゅつ》の基本《きほん》なので、しっかりと相手《あいて》に向《む》かって投《な》げられるようになろう。

正《ただ》しい持《も》ち方《かた》って？

手《て》のひら全体《ぜんたい》を使《つか》ってボールの下《した》半分《はんぶん》を持《も》つ。しっかりと持《も》つことでパスの弾道《だんどう》が安定《あんてい》する。

1
パスする相手《あいて》に向《む》かって一歩《いっぽ》踏《ふ》み出《だ》す

ボールを投《な》げる相手《あいて》の方向《ほうこう》をしっかりと向《む》き、足《あし》を一歩《いっぽ》踏《ふ》み出《だ》す。

2
回転《かいてん》がかからないように投《な》げる

腕《うで》の振《ふ》りを使《つか》い、ボールに回転《かいてん》がかからないようにボールを投《な》げる。このとき、指先《ゆびさき》ではじくような感覚《かんかく》でパスに勢《いきお》いをつける。

ラグビーの基本《きほん》

パスの受《う》け方《かた》

パスを受《う》ける選手《せんしゅ》がボールを落《お》としてしまうと、相手《あいて》ボールになってしまう。そのため、パスの受《う》け手《て》はしっかりとボールをキャッチし、次《つぎ》の攻撃《こうげき》につなげることが大切《たいせつ》になる。キャッチングの基本《きほん》をしっかりとマスターして、ミスを減《へ》らしていこう。

SIDE

両足《りょうあし》はそろえず、片方《かたほう》の足《あし》を前《まえ》に出《だ》す。腕《うで》は伸《の》ばし過《す》ぎず、ひじにややゆとりがある程度《ていど》に。

1

正《ただ》しく構《かま》える

両手《りょうて》を胸《むね》の高《たか》さまで上《あ》げて、手《て》のひらで三角形《さんかくけい》を作《つく》るのが基本《きほん》の姿勢《しせい》。この姿勢《しせい》が試合中《しあいちゅう》でも自然《しぜん》とできるようになるまで練習《れんしゅう》しよう。

2
ボールをしっかりと見《み》る

パスされたボールから目《め》を離《はな》さずに、両手《りょうて》でしっかりとキャッチングの体勢《たいせい》をとる。

3
フットワークも重要《じゅうよう》

両《りょう》ひじ、両《りょう》ひざをやわらかく使《つか》って、ボールを最後《さいご》まで見《み》ながらキャッチする。また、捕《と》ってからすぐに次《つぎ》のプレーにうつる意識《いしき》も忘《わす》れずに。

スクリューパス（スピンパス）

ストレートパスよりも遠《とお》くにボールを投《な》げることができるのがスクリューパス。スピンパスとも呼《よ》ばれ、ボールに回転《かいてん》をかけることで軌道《きどう》が安定《あんてい》し、より正確《せいかく》に相手《あいて》にパスすることができる。実際《じっさい》の試合《しあい》でも多用《たよう》するため、確実《かくじつ》にマスターしておこう。

ボールの持《も》ち方《かた》は？

手《て》のひらでしっかりとボールを持《も》ち、投《な》げる方《ほう》の手《て》（写真《しゃしん》では左《ひだり》）をボールの下《した》に添《そ》える。

1 パスする相手《あいて》をしっかりと見《み》る

ボールを持《も》ったまま、パスする相手《あいて》の方向《ほうこう》をしっかりと見《み》る。基本的《きほんてき》に、走《はし》りながらパスするケースが多《おお》い。

2 あまり反動《はんどう》をつけずにパスの動作《どうさ》にうつる

ボールの先端《せんたん》をパスの相手《あいて》に向《む》けたまま、あまり反動《はんどう》をつけすぎずにパスの動作《どうさ》にうつる。

3 回転《かいてん》をかけて投《な》げる

ボールの先端《せんたん》が相手《あいて》を向《む》いたまま、パスする側《がわ》の手《て》（写真《しゃしん》では左《ひだり》）で回転《かいてん》をかけるように投《な》げる。試合《しあい》ではどの方《ほう》向《こう》にもパスできるよう、どちらの手《て》でも投《な》げられるように練習《れんしゅう》しよう。

パスの応用《おうよう》

ハーフパス

ボールを地面《じめん》から拾《ひろ》い、すばやく味方《みかた》にパスを出《だ》すのがハーフパス。正確《せいかく》さとスピードが求《もと》められるが、マスターすればチームの攻撃《こうげき》を一気《いっき》にスピーディに展開《てんかい》できるようになる。特《とく》に、スクラムハーフの選手《せんしゅ》にとっては必須《ひっす》の技術《ぎじゅつ》だ。

1
地面《じめん》のボールを拾《ひろ》う

密集地《みっしゅうち》などの地面《じめん》にあるボールをすばやく拾《ひろ》い上《あ》げる。このとき、どこにパスを出《だ》すかも考《かんが》えながら、すぐにパスの姿勢《しせい》をとれるように意識《いしき》しよう。

2
パスの方向《ほうこう》に体重移動《たいじゅういどう》する

パスする方向《ほうこう》に体重移動《たいじゅういどう》しながら、パスを出《だ》す。ボールはあまり引《ひ》きすぎず、拾《ひろ》った位置《いち》からそのまま投《な》げるイメージ。

3
相手《あいて》に正確《せいかく》にパスを出《だ》す

パスする相手《あいて》をしっかりと見《み》て、低《ひく》い姿勢《しせい》のまますばやくパスする。コンパクトなフォームを意識《いしき》しよう。

パントキャッチ

高《たか》く上《あ》がった飛球《ひきゅう》をキャッチする技術《ぎじゅつ》。ラグビーボールは楕円球《だえんきゅう》なのでキックされたボールは不規則《ふきそく》に回転《かいてん》している。しっかりと両手《りょうて》でキャッチすることを考《かんが》えて、ボールを捕《と》ったらすぐに攻撃《こうげき》にうつれるように準備《じゅんび》しよう。

1 正《ただ》しい姿勢《しせい》でボールを待《ま》つ

両《りょう》ひじをしっかりと上《あ》げ、足《あし》は片足《かたあし》を前《まえ》に出《だ》して半身《はんみ》の姿勢《しせい》をとってボールを待《ま》つ。

POINT

半身《はんみ》で構《かま》えるのは万《まん》が一《いち》ボールを落《お》とした際《さい》にノックオン（ボールを前《まえ》に落《お》とす）を防《ふせ》ぐのと、次《つぎ》の動《うご》きにうつりやすくするため。

2 両手《りょうて》でしっかりとキャッチする

落《お》ちてきたボールを胸《むね》の前《まえ》でしっかりとキャッチする。ボールを落《お》とさないよう、両手《りょうて》でしっかりと抱《かか》え込《こ》むように。

POINT

キャッチの際《さい》はボールの勢《いきお》いを殺《ころ》し、次《つぎ》の動《うご》きやタックルにも対応《たいおう》できるように、ひざをやわらかく使《つか》うことを意識《いしき》しよう。

パスキャッチの応用《おうよう》

ゴロキャッチ

楕円球《だえんきゅう》のラグビーボールは不規則《ふきそく》にバウンドする。正確《せいかく》にキャッチするためにはボールを最後《さいご》まで見《み》て、ひざを使《つか》ってどんなバウンドにも対応《たいおう》することが大切《たいせつ》だ。まずはボールを落《お》とさず、しっかりと両手《りょうて》でキャッチすることを意識《いしき》しよう。

1 ボールの正面《しょうめん》に入《はい》り、半身《はんみ》で構《かま》える

転《ころ》がってくるボールに対《たい》し、できるだけ正面《しょうめん》に入《はい》って構《かま》える。両足《りょうあし》はどちらかを前《まえ》に出《だ》して半身《はんみ》の姿勢《しせい》に。

POINT

半身《はんみ》で構《かま》えることでノックオン（ボールを前《まえ》に落《お》とす）ことを防《ふせ》ぎ、なおかつ次《つぎ》の動《うご》きがとりやすくなる。

2 ボールから目《め》を離《はな》さない

不規則《ふきそく》なバウンドをするボールをしっかりと見《み》て、どちらに弾《はず》むかを予測《よそく》しながらキャッチの準備《じゅんび》をする。しっかりと腰《こし》を落《お》として、どんなボールにも対応《たいおう》できるように。

3 両手《りょうて》でしっかりとキャッチする

両手《りょうて》を使《つか》い、胸《むね》の前《まえ》でしっかりとボールをキャッチする。最後《さいご》までボールから目《め》を切《き》らず、落《お》とさないように注意《ちゅうい》しよう。

POINT

キャッチの際《さい》はひざをやわらかく使《つか》ってバウンドに合《あ》わせるようなイメージで。ひざが伸《の》びてしまうと、不規則《ふきそく》なバウンドに対応《たいおう》できない。

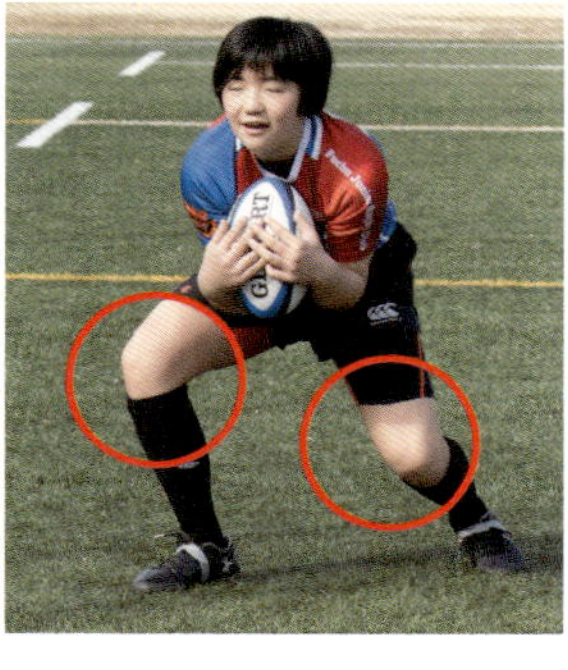

パスの応用《おうよう》

パスの練習法《れんしゅうほう》

パスは「ラン」と並《なら》んでラグビーにおける基本動作《きほんどうさ》のひとつ。どのポジションの選《せん》手《しゅ》でも必須《ひっす》の技術《ぎじゅつ》なので、日々《ひび》の練習《れんしゅう》でしっかりと技術《ぎじゅつ》を磨《みが》くことが大切《たいせつ》になってくる。

まずはボールに慣《な》れることから!

楕円球《だえんきゅう》のラグビーボールは、まずは「慣《な》れる」ことが大切《たいせつ》。できるだけボールに触《ふ》れる時間《じかん》を作《つく》って手《て》になじませるように努《ど》力《りょく》しよう。パスの練習《れんしゅう》は、基本動作《きほんどうさ》はもちろんだが実戦《じっせん》を想定《そうてい》して走《はし》りながら行《おこな》うことも大切《たいせつ》。なぜなら試合中《しあいちゅう》、止《と》まった状《じょう》況《きょう》でパスを出《だ》すケースは、あまり多《おお》くないからだ。

ラグビーの基本《きほん》

ブレイクダウン

タックルで選手《せんしゅ》が倒《たお》されると、そこから両《りょう》チームによるボールの争奪戦《そうだつせん》が始《はじ》まる。複数《ふくすう》の選手《せんしゅ》が体《からだ》と体《からだ》をぶつけあうプレーは、ラグビーの醍醐味《だいごみ》といっても過言《かごん》ではない。

大野選手《おおのせんしゅ》のアドバイス

チームのために体《からだ》を張《は》ろう!

身体《しんたい》がぶつかり合《あ》うプレーは一見地味《いっけんじみ》だし、痛《いた》いし、苦《くる》しい。ただ、だからこそチームのために地味《じみ》なプレーをする選手《せんしゅ》が必要《ひつよう》!　チームのために体《からだ》を張《は》れる選《せん》手《しゅ》はみんなから信頼《しんらい》される!

ブレイクダウン

ダウンボール

タックルされて倒《たお》れた選手《せんしゅ》は、後《うし》ろにいる味方選手《みかたせんしゅ》にボールを渡《わた》すため、ダウンボールという技術《ぎじゅつ》を使《つか》って攻撃《こうげき》を継続《けいぞく》させる。実戦《じっせん》でも多《おお》いシチュエーションなので、この動《うご》きが自然《しぜん》とできるように反復《はんぷく》して練習《れんしゅう》することがポイントだ。

1 ボールを持《も》ったまま倒《たお》れる

ボールを持《も》った状態《じょうたい》でタックルを受《う》けたら、無理《むり》にボールを運《はこ》ぶのではなく状況《じょうきょう》に応《おう》じてボールを守《まも》りながら倒《たお》れ込《こ》む準備《じゅんび》をする。

2 倒《たお》れ込《こ》むときはボールを守《まも》る

実際《じっさい》に倒《たお》れた際《さい》は相手《あいて》にボールを奪《うば》われないように、しっかりとボールを抱《かか》え込《こ》むように意識《いしき》する。

3 ボールをできるだけ後《うし》ろに置《お》く

倒《たお》れたら体《からだ》を反転《はんてん》させ、できるだけ後《うし》ろ（味方選手《みかたせんしゅ》がいる方《ほう》向《こう》）にボールを置《お》く。

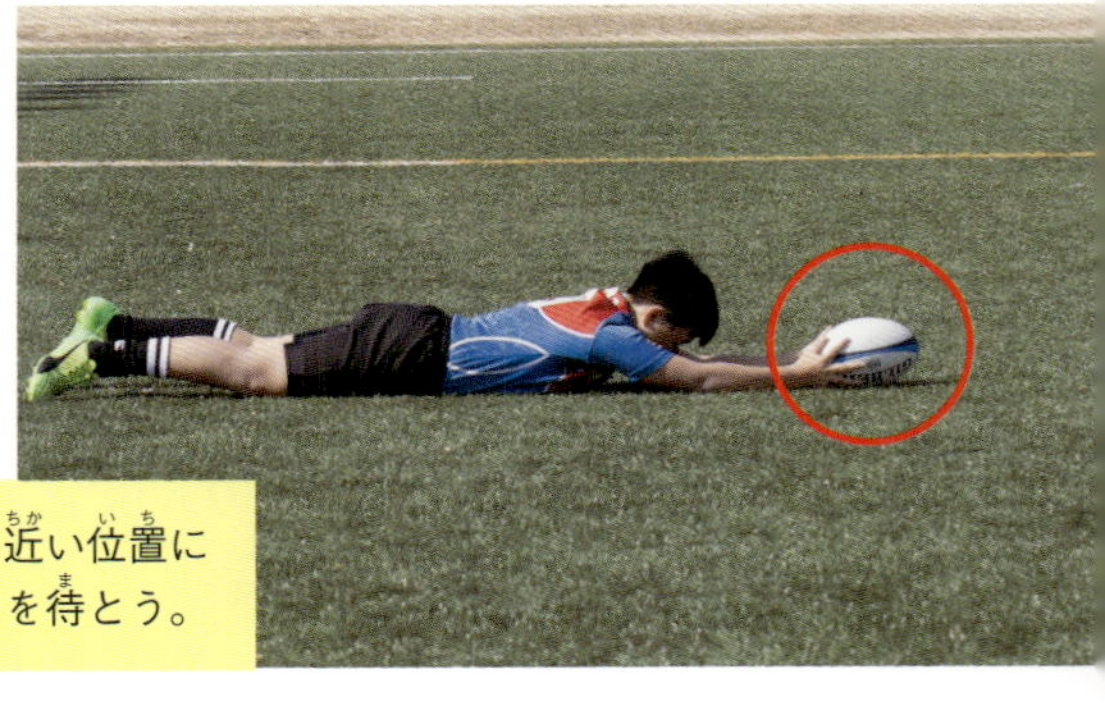

POINT

相手《あいて》からなるべく遠《とお》い位置《いち》、味方《みかた》に近《ちか》い位置《いち》にボールを置《お》き、味方選手《みかたせんしゅ》のサポートを待《ま》とう。

ブレイクダウン

スイープ（オーバー）

味方《みかた》がダウンボールをしたら、ボールを奪《うば》われないためにスイープで相手選手《あいてせんしゅ》を押《お》し込《こ》み、攻撃《こうげき》を継続《けいぞく》させる。ボールを奪《うば》われると相手《あいて》のチャンスにつながってしまうため、できるだけ相手選手《あいてせんしゅ》をボールから遠《とお》ざけよう。

1 ジャッカルをしようとする相手《あいて》に向《む》かって突《つ》っ込《こ》む

ランナーが持《も》つボールを奪《うば》おう（ジャッカル）とする相手《あいて》がいたら、そこに向《む》かって勢《いきお》いよく突《つ》っ込《こ》む。

2 ボールをまたぐように相手《あいて》を押《お》し込《こ》む

ボールの真上《まうえ》を通過《つうか》するように相手《あいて》に突《つ》っ込《こ》み、押《お》し込《こ》んでいく。

3 相手《あいて》をボールから離《はな》して攻撃《こうげき》につなげる

相手《あいて》をしっかりとつかみ、ボールから遠《とお》ざけるように足《あし》をかく。

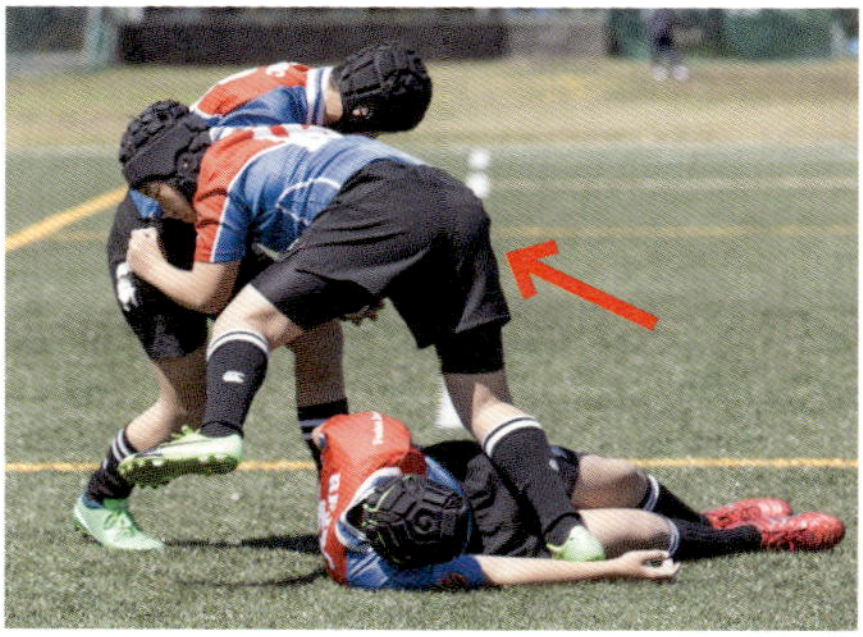

ブレイクダウン

オフロードパス

タックルされて倒《たお》れた選手《せんしゅ》はボールを離《はな》さなければいけない。その際《さい》はダウンボール（P76）でボールを後《うし》ろに置《お》くか、背後《はいご》から走《はし》ってくる選手《せんしゅ》にパスを出《だ》す必要《ひつよう》がある。タックルされながらのプレーになるため、強《つよ》い体《からだ》と確《たし》かな技術《ぎじゅつ》が必要《ひつよう》だ。

1

タックルされたら次《つぎ》の動《うご》きを瞬時《しゅんじ》に判断《はんだん》する

タックルを受《う》けて倒《たお》れそうになったら、なるべく早《はや》い段階《だんかい》でパスをするか、ダウンボールをするかの判断《はんだん》を下《くだ》す。

2

ボールを片手《かたて》に持《も》ち替《か》える

パスをする場合《ばあい》は相手《あいて》からできるだけ遠《とお》い位置《いち》にボールを持《も》っていくため、片手《かたて》に持《も》ち替《か》えて後《こう》方《ほう》からくる味方《みかた》に向《む》けてパスする準備《じゅんび》をする。

3
タックルを受《う》けながら味方《みかた》にパス

倒《たお》れ込《こ》みながら後方《こうほう》から走《はし》ってくる味方《みかた》に向《む》けてパスを出《だ》す。味方《みかた》が走《はし》ってくるスピードに合《あ》わせて、パスの軌道《きどう》はできるだけゆるやかに、捕《と》りやすいボールを投《な》げよう。

タックルで倒《たお》れた場合《ばあい》

1

タックルで倒《たお》された後《あと》でもパスはできる。倒《たお》れ込《こ》んだら後《うし》ろから味方《みかた》がくることを確認《かくにん》する。

2

倒《たお》れこんだ状態《じょうたい》から、後《うし》ろから走《はし》ってくる味方《みかた》に対《たい》してパスを出《だ》す。

ブレイクダウン

モール

密集状態《みっしゅうじょうたい》にボールを持《も》った選手《せんしゅ》がいる場合《ばあい》、攻撃側《こうげきがわ》は数的優位《すうてきゆうい》を作《つく》り、そのまま相手陣内《あいてじんない》に向《む》かって押《お》し込《こ》むことができる。時間《じかん》を稼《かせ》ぎながら攻撃《こうげき》の態勢《たいせい》を整《ととの》えたり、そのままトライまで持《も》ち込《こ》むことも可能《かのう》だ。

1 ボールを持《も》ったまま相手《あいて》のタックルを受《う》ける

ボールを持《も》った選手《せんしゅ》が相手《あいて》のタックルを受《う》けたら、腰《こし》を落《お》として倒《たお》されないよう意識《いしき》する。

2 後《うし》ろを向《む》き、ボールを後方《こうほう》に配置《はいち》する

タックルされて前進《ぜんしん》を止《と》められたら、体《からだ》を反転《はんてん》させてボールを相手《あいて》から遠《とお》ざけ、味方《みかた》のサポートを待《ま》つ。

3

サポートする選手《せんしゅ》がボールを保持《ほじ》する

サポートに入《はい》る選手《せんしゅ》が後《うし》ろからボールを受《う》け取《と》り、そのまま相手《あいて》を押《お》し込《こ》んでいく。

4

ボールを受《う》けたらできるだけ後《うし》ろに

サポートした選手《せんしゅ》はボールを受《う》け取《と》ったら、相手《あいて》からより遠《とお》い位置《いち》にボールを運《はこ》び、奪《うば》われないようにする。

5

2人目《ふたりめ》のサポート選手《せんしゅ》が相手《あいて》を押《お》し込《こ》む

さらにもうひとりがサポートに入《い》り、数的優位《すうてきゆうい》の姿勢《しせい》を保《たも》ったまま相手《あいて》を押《お》し込《こ》む。このまま相手陣内《あいてじんない》まで押《お》し込《こ》んだり、ボールを味方《みかた》に渡《わた》したりして次《つぎ》の攻撃《こうげき》にうつる。

ブレイクダウン

ジャッカル

タックルで倒《たお》れた相手《あいて》はルール上《じょう》、すばやくボールを離《はな》さなければならない。そのボールを立《た》った状態《じょうたい》で奪《うば》うのが「ジャッカル」だ。上手《うま》く相手《あいて》からボールを奪《うば》えれば、味方《みかた》チームの攻撃《こうげき》にうつることができる。

1 倒《たお》れた相手《あいて》にすばやく近《ちか》づく

味方《みかた》がタックルで相手《あいて》を倒《たお》したら、そばにいる選手《せんしゅ》はすぐさまボールのもとへ向《む》かう。

2 相手《あいて》ボールに手《て》を伸《の》ばす

頭《あたま》を高《たか》い位置《いち》にたもちながら腰《こし》を落《お》とし、手《て》を伸《の》ばして相手《あいて》のボールを奪《うば》いにいく。

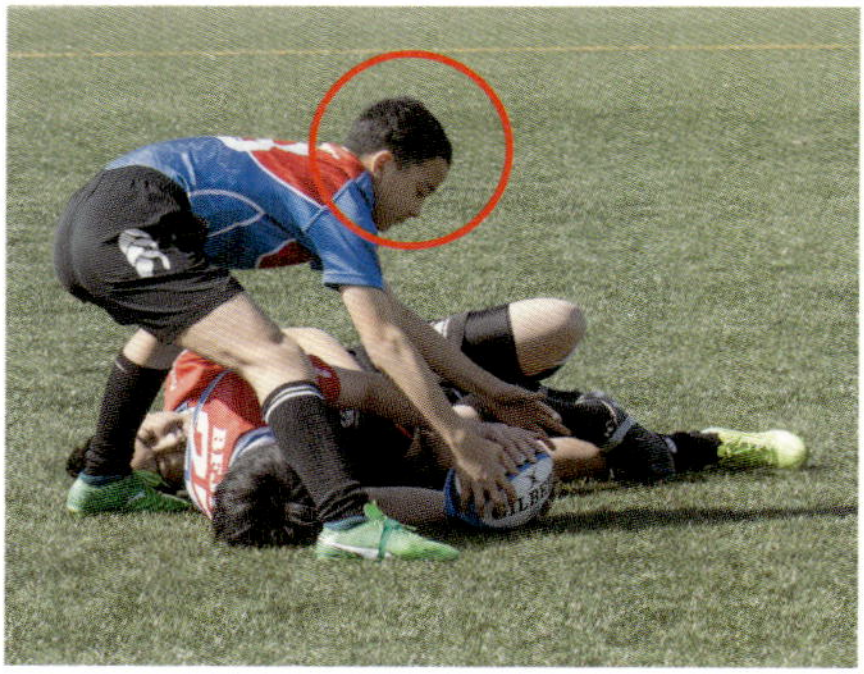

3 ボールを奪《うば》う

試合《しあい》ではもっと密集《みっしゅう》するケースが多《おお》いので、ボールを奪《うば》ったら、味方《みかた》にパスする、自分《じぶん》が走《はし》るなど、すぐさま攻撃態勢《こうげきたいせい》にうつる。

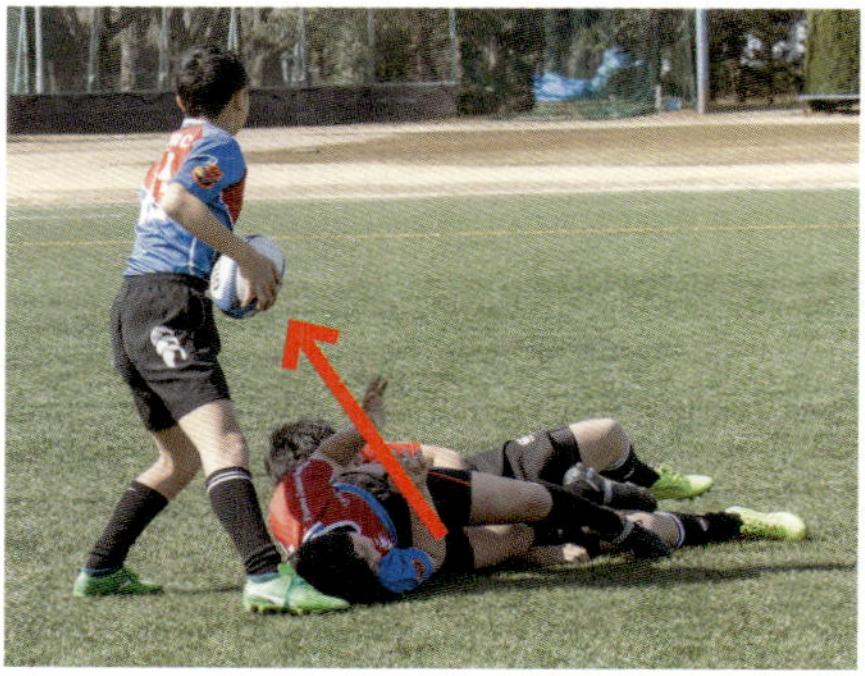

ラグビーの基本《きほん》

キック

小学生《しょうがくせい》では高学年《こうがくねん》から「キック」を使《つか》ったプレーが行《おこな》われる。バリエーション豊富《ほうふ》なキック技術《ぎじゅつ》は間違《まちが》いなくチームの武器《ぶき》になる。しっかりと練習《れんしゅう》して技術《ぎじゅつ》をみがき、チームに貢献《こうけん》しよう。

キックのポイントは?

狙《ねら》ったところに、狙《ねら》ったボールを蹴《け》る技術《ぎじゅつ》が必要《ひつよう》。シチュエーションによってキックの種類《しゅるい》はさまざまなので、どんなケースでも「蹴《け》り分《わ》け」ができるようになろう。

キックの応用《おうよう》

ドロップキック

手《て》から離《はな》れて地面《じめん》にバウンドした直後《ちょくご》を蹴《け》る「ドロップキック」。おもにキックオフ時《じ》に用《もち》いられ、精度《せいど》の高《たか》いキックを蹴《け》ることができれば相手攻撃陣《あいてこうげきじん》に大《おお》きなプレッシャーを与《あた》えることができる。

1 キックの構《かま》えに入《はい》り、ボールを離《はな》す

腰《こし》の高《たか》さから両手《りょうて》でボールを離《はな》し、キックの体勢《たいせい》に入《はい》る。ボールを離《はな》す位置《いち》でどこにバウンドするかが決《き》まる。

2 ボールが地面《じめん》についた直後《ちょくご》にミートする

ボールが地面《じめん》にバウンドした直後《ちょくご》に足《あし》の甲《こう》でしっかりとミートする。ひざから下《した》をコンパクトに振《ふ》りぬくことを意識《いしき》しよう。

3 フォロースルーをとる

足《あし》をしっかりと蹴《け》り上《あ》げてフォロースルーをとる。重心《じゅうしん》は体《からだ》の前《まえ》におき、次《つぎ》のプレーにすぐうつれるように準備《じゅんび》しよう。

キックの応用《おうよう》

グラバーキック（ゴロキック）

空《あ》いているスペースに向《む》けて味方選手《みかたせんしゅ》を走《はし》るのに活用《かつよう》したいグラバーキック。ゴロの打球《だきゅう》を蹴《け》るため、バウンドは不規則《ふきそく》になるがしっかりとコントロールすることが重要《じゅうよう》になる。

1 スペースを見《み》つけて キックの体勢《たいせい》に入《はい》る

蹴《け》り出《だ》すスペースを見《み》つけたら、そこに向《む》かってキックの体《たい》勢《せい》に入《はい》る。どの方向《ほうこう》に、どのくらいの力加減《ちからかげん》でけるかを意識《いしき》しよう。

2 足《あし》の甲《こう》で しっかりとミート

足首《あしくび》を伸《の》ばし、ボールに対《たい》して足《あし》の甲《こう》でしっかりとミートする。ミートするポイントはドロップキックと違《ちが》い、ボールが地《じ》面《めん》に着《つ》く直前《ちょくぜん》。

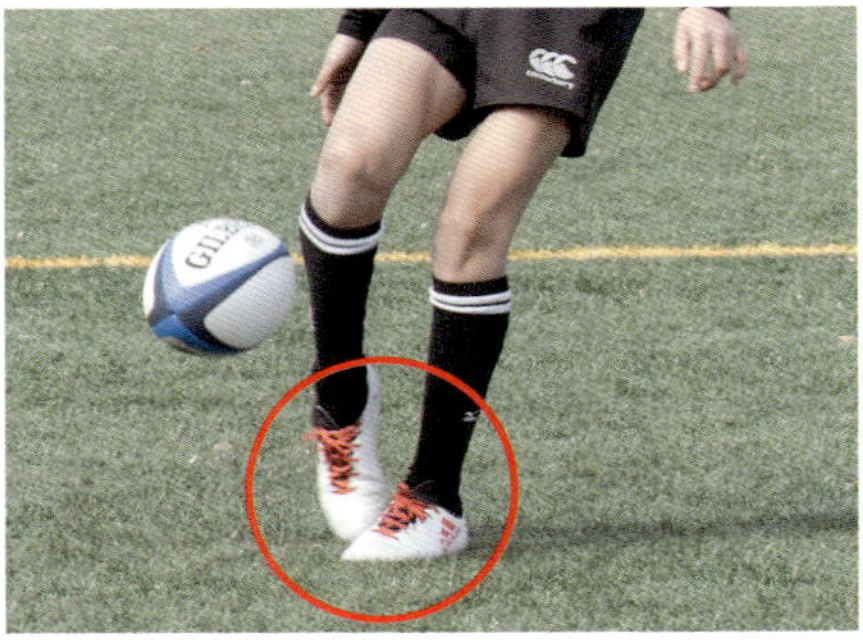

3 足《あし》を真《ま》っすぐ 振《ふ》り上《あ》げる

蹴《け》る方向《ほうこう》に対《たい》して、足《あし》を真《ま》っすぐに蹴《け》り上《あ》げるイメージでキックする。そうすればボールにきれいな縦回転《たてかいてん》がかかる。

キックの応用《おうよう》

チップキック

ディフェンスの選手《せんしゅ》の後《うし》ろにスペースがある場合《ばあい》は「チップキック」を使《つか》って相手《あいて》をかわすのも技術《ぎじゅつ》のひとつ。高《たか》い技術《ぎじゅつ》がいるプレーだが、決《き》められれば一気《いっき》に得《とく》点《てん》チャンスが広《ひろ》がる。

1 相手《あいて》の後方《こうほう》を狙《ねら》って小《ちい》さく蹴《け》り上《あ》げる

ディフェンスが近《ちか》づいてきたらタックルされる間合《まあ》いに入《はい》る前《まえ》にボールを小《ちい》さく蹴《け》り上《あ》げる。

2 ボールとともに自分《じぶん》も走《はし》る

ボールが相手《あいて》の頭上《ずじょう》を越《こ》えると同時《どうじ》に、自身《じしん》も後方《こうほう》のスペースに走《はし》り込《こ》む。

3 自《みずか》らボールをキャッチする

自分《じぶん》で蹴《け》ったボールを自《みずか》らキャッチし、そのまま走《はし》り抜《ぬ》ける。

キックの応用《おうよう》

ハイパントキック

ボールをできるだけ高《たか》く、遠《とお》くへ蹴《け》り上《あ》げて滞空時間《たいくうじかん》を稼《かせ》ぎ、その間《あいだ》に味方《みかた》の守《しゅ》備態勢《びたいせい》をととのえたり、攻撃《こうげき》への準備《じゅんび》を行《おこな》う「ハイパントキック」。できるだけ高《たか》く、滞空時間《たいくうじかん》の長《なが》いボールを蹴《け》ることがポイントだ。

1 キックの体勢《たいせい》に入《はい》る

ミートポイントを意識《いしき》して、キックの体勢《たいせい》に入《はい》る。ミートポイントは、高《たか》いボールを蹴《け》りたいときは近《ちか》く、多少低《たしょうひく》くても遠《とお》くへ蹴《け》りたいときは遠《とお》くする。

2 ボールから目《め》を離《はな》さずに蹴《け》る

ボールを両手《りょうて》から離《はな》したら、蹴《け》り足《あし》を大《おお》きく引く。目線《めせん》はボールから最後《さいご》まで離《はな》さないように。

3 大《おお》きくフォロースルーをとる

ボールをしっかりとミートしたら、大《おお》きくフォロースルーをとる。足《あし》を大《おお》きく蹴《け》り上《あ》げることで、飛距離《ひきょり》や滞空時間《たいくうじかん》も長《なが》くなる。

コンバージョンキック

キックティーと呼《よ》ばれるボールを立《た》てる器具《きぐ》を使《つか》い、ゴールポスト内《ない》を狙《ねら》って得点《とくてん》を奪《うば》うコンバージョンキック。プレーを止《と》め、なおかつ誰《だれ》にも邪魔《じゃま》されずに蹴《け》られるが、プレッシャーも大《おお》きい。

大野選手《おおのせんしゅ》のアドバイス

反復練習《はんぷくれんしゅう》や正確性《せいかくせい》が大切《たいせつ》!

一流選手《いちりゅうせんしゅ》は、とにかく反復練習《はんぷくれんしゅう》を積《つ》み重《かさ》ねて自分《じぶん》のフォームを固《かた》める。どんな状況《じょうきょう》でも「同《おな》じように」蹴《け》られるかが大切《たいせつ》だ。

1 ボールに向《む》かって走《はし》り込《こ》む

キックティーに立《た》てたボールに向《む》かって走《はし》り込《こ》む

2 しっかりとボールを見《み》て蹴《け》る

ボールをしっかりと見《み》ながら、足《あし》の甲《こう》のやや内側《うちがわ》（インステップ）で蹴《け》り上《あ》げる。

3 フォロースルーをとる

蹴《け》り上《あ》げた足《あし》はしっかりと最後《さいご》まで振《ふ》り上《あ》げてきれいなフォロースルーをとる。蹴《け》った後《あと》のボールを見《み》るより、正《ただ》しいフォームで蹴《け》ることを意識《いしき》しよう。

第《だい》4章《しょう》

ラグビーをするうえでの心《こころ》がまえ

練習《れんしゅう》や試合《しあい》、さらにはコーチやチームメイトまで。ラグビーをするうえで大切《たいせつ》な心《こころ》がまえや、これからラグビーを始《はじ》めるみんなに大切《たいせつ》にしてほしいことを伝《つた》えます。

練習《れんしゅう》での心《こころ》がまえ

練習《れんしゅう》では、たくさんボールをさわろう&さわってもらおう。

私《わたし》が初《はじ》めてラグビーボールにふれたのは、18歳《さい》の春《はる》。日本大学工学部郡山《にほんだいがくこうがくぶこおりやま》キャンパス内《ない》のグラウンドで、日大工学部《にちだいこうがくぶ》のラグビー部《ぶ》の練習《れんしゅう》に体験参加《たいけんさんか》した時《とき》のことです。

一緒《いっしょ》に練習《れんしゅう》していた選手《せんしゅ》からパスをもらい、近《ちか》くの味方《みかた》にパス。するとすかさず、ひとりの**先輩《せんぱい》に褒《ほ》めてもらえました**。

「え？　ラグビーやってたの!?」

先輩《せんぱい》たちにとっては、数少《かずすく》ない新入生《しんにゅうせい》を仲間《なかま》に入《い》れるためのリップサービスだったのかもしれません。でも、高校《こうこう》の野球部《やきゅうぶ》でなかなか試合《しあい》に出《で》られなかった私《わたし》にとっては、その一言《ひとこと》が嬉《うれ》しかったのを覚《おぼ》えています。

「このチームでなら、**何《なに》か役《やく》に立《た》てるかもしれない**」

と、思《おも》ったものです。

最近《さいきん》、ラグビースクールの練習《れんしゅう》に訪《おとず》れると、特定《とくてい》の子《こ》どもだけがボールを持《も》っているシーンを目《め》にします。私《わたし》は、**すべての子《こ》どもたちに「もっと積極的《せっきょくてき》にボールにふれてほしい」**と伝《つた》えたいです。ちなみに私《わたし》がラグビーを始《はじ》めたチームでは、人数《にんずう》が少《すく》なかったので初心者《しょしんしゃ》でも自然《しぜん》とボールをもらえました。それがよかった。

ラグビーでは、ボールを持《も》った選手《せんしゅ》にしかタックルができません。**選手《せんしゅ》はボールを持《も》つことで初《はじ》めて、敵《てき》、味方《みかた》の両方《りょうほう》から注目《ちゅうもく》されます**。

ボールを持《も》つことで味《あじ》わえる感覚《かんかく》を経験《けいけん》し、いいプレーをしてみんなから褒《ほ》められ、さらに喜《よろこ》びをつかむべくボールをもらいにいく……。

ラグビーをするすべての子《こ》どもに、そうなってもらいたいですね。指導者《しどうしゃ》の方《かた》には、参加《さんか》するすべての子《こ》どもたちに**ボールを持《も》つ楽《たの》しさ**を伝《つた》えていただきたいです。

画像提供／東芝ブレイブルーパス

コーチとの接《せっ》し方《かた》

指導者《しどうしゃ》の信頼《しんらい》を得《え》るには「出《だ》し切《き》る」と「尊敬《そんけい》」が大切《たいせつ》。

スポーツ選手《せんしゅ》の見方《みかた》に、「調子《ちょうし》がいいか、調子《ちょうし》が悪《わる》いか」というものがあります。これを読《よ》んでいるスポーツ経験者《けいけんしゃ》も、いいプレーをする仲間《なかま》に「きょうは絶好調《ぜっこうちょう》だね」と声《こえ》をかけたことがあるのではないでしょうか。

私《わたし》は長年《ながねん》ラグビーをプレーしていますが、この「調子《ちょうし》がいいか、調子《ちょうし》が悪《わる》いか」という感覚《かんかく》がよくわかりません。「調子《ちょうし》がいいね」と褒《ほ》めてもらえるのは嬉《うれ》しいのですが、実際《じっさい》は調子《ちょうし》について考《かんが》えたことがありません。というのも私《わたし》は、若《わか》いころから「試合《しあい》でも練習《れんしゅう》でも、いったんグラウンドに出《で》たら**その日《ひ》の持《も》っている力《ちから》を100パーセント出《だ》し切《き》る**」という意識《いしき》を持《も》ち続《つづ》けているからです。それは自分《じぶん》が「疲《つか》れているな」と感《かん》じる時《とき》も同《おな》じで、調子《ちょうし》とは関係《かんけい》なく必死《ひっし》で戦《たたか》っています。私《わたし》は、パスもキックも下手《へた》くそな選手《せんしゅ》です。

それでもこれまで出会《であ》った指導者《しどうしゃ》に信頼《しんらい》してもらえたのは、つねに「出《だ》し切《き》っていた」からではないでしょうか。

選手《せんしゅ》の指導者《しどうしゃ》への接《せっ》し方《かた》は、**「まずは尊敬《そんけい》すべし」**が基本《きほん》ではないでしょうか。

コーチの教《おし》えを頭《あたま》から否定《ひてい》するのではなく、言《い》われたことをまず実践《じっせん》してみるのです。私《わたし》もこれまでの選手生活《せんしゅせいかつ》のなかで、つねにそれを意《い》識《しき》してコーチたちと付《つ》き合《あ》ってきました。

そういえば野球《やきゅう》をしていたころによく「目上《めうえ》の人《ひと》に会《あ》ったら挨拶《あいさつ》を」と言《い》われていました。社会《しゃかい》に出《で》ると、**挨拶《あいさつ》が人《ひと》との関《かか》わりのスタートラインになっている**と気《き》づきました。当時《とうじ》、指《し》導者《どうしゃ》の言《い》うことを素直《すなお》に実践《じっせん》していてよかったです。最近《さいきん》、社会人《しゃかいじん》でもなかなか挨拶《あいさつ》ができない選手《せんしゅ》を見《み》かけます。もったいないな、と感《かん》じてしまいます。

画像提供／東芝ブレイブルーパス

試《し》合《あい》に出《で》るときの気《き》持《も》ちのつくり方《かた》

試合前《しあいまえ》は誰《だれ》でも緊張《きんちょう》。でも、「準備《じゅんび》」が緊張《きんちょう》をほぐしてくれる！

ラグビーを始《はじ》めたてのころに体験《たいけん》するビッグイベントといえば、初試合《はつしあい》でしょう。チームのジャージィを着《き》て相手《あいて》にぶつかる直前《ちょくぜん》は、私《わたし》もいまだに緊張《きんちょう》してしまいます。**「試合前《しあいまえ》は誰《だれ》でも緊張《きんちょう》する」のは、トップレベルの選手《せんしゅ》でも同《おな》じです。**

試合前《しあいまえ》に緊張《きんちょう》する時《とき》は、それまで練習《れんしゅう》したことを思《おも》い出《だ》してください。もし「あれだけ練習《れんしゅう》したんだから大丈夫《だいじょうぶ》」と思《おも》えるなら、かなりリラックスできるはずです。裏《うら》を返《かえ》せば、普段《ふだん》から**100パーセントの心《こころ》と体《からだ》で練習《れんしゅう》に取《と》り組《く》めば、大《おお》きな試合《しあい》の前《まえ》もあまり緊張《きんちょう》しない**と言《い》えるかもしれません。

練習以外《れんしゅういがい》の準備《じゅんび》も、緊張《きんちょう》をやわらげてくれます。相手《あいて》の強《つよ》さや体調《たいちょう》、当日《とうじつ》の天気《てんき》は自分《じぶん》ではコントロールできません。そのかわり、きちんとした食事《しょくじ》と睡眠《すいみん》で体調《たいちょう》を整《ととの》えたり、天気予報《てんきよほう》を見《み》て雨用《あめよう》のスパイクを用意《ようい》したりと、**自分《じぶん》でコントロールできる準備《じゅんび》は完璧《かんぺき》にしたい**ですね。そうすれば「ここまで準備《じゅんび》したんだから大丈夫《だいじょうぶ》」と思《おも》えるはずです。

準備《じゅんび》について思《おも》い出《だ》すのは、２０１２年《ねん》の日《に》本代表《ほんだいひょう》でのある取《と》り組《く》みです。

当時《とうじ》の廣瀬俊朗《ひろせとしあき》キャプテンの提案《ていあん》で、**試合前《しあいぜん》日《じつ》に皆《みな》で輪《わ》になってスパイクを磨《みが》く**ようになったのです。実際《じっさい》にやってみると、きれいなスパイクで試合《しあい》をする心地《ここち》よさに気《き》づけました。

なかには「スパイクは少《すこ》し汚《よご》れていたほうがそれまでの頑張《がんば》りを思《おも》い出《だ》せる」という選手《せんしゅ》もいましたが、その選手《せんしゅ》にとっても「ゲームの直《ちょく》前《ぜん》に仲間《なかま》と他愛《たわい》もない話《はなし》をする時間《じかん》」は大事《だいじ》なものだったはずです。

厳《きび》しい練習《れんしゅう》を乗《の》り越《こ》えた仲間《なかま》と色々《いろいろ》な話《はなし》をすることで、リラックスした気持《きも》ちで翌朝《よくあさ》を迎《むか》えられました。

画像提供／東芝ブレイブルーパス

先輩《せんぱい》とどう付《つ》き合《あ》う？

リスペクトする先輩《せんぱい》とたくさん時間《じかん》を過《す》ごす。

私《わたし》のラグビー人生《じんせい》で恵《めぐ》まれていたと感《かん》じるのは、最初《さいしょ》に入《はい》ったチームに厳《きび》しい上下《じょうげ》関係《かんけい》がなかったことです。どの先輩《せんぱい》も優《やさ》しく接《せっ》してくれたのを覚《おぼ》えています。

東芝《とうしば》に入《はい》ったころの**先輩《せんぱい》には、必死《ひっし》に練習《れんしゅう》する姿勢《しせい》を教《おそ》わりました**。当時《とうじ》の東芝《とうしば》は少《すこ》し優勝《ゆうしょう》から遠《とお》ざかっていた時期《じき》でしたが、冨岡鉄平《とみおかてっぺい》さん、立川剛士《たちかわごうし》さんという若手《わかて》が休日《きゅうじつ》でもグラウンドに出《で》ていました。その時《とき》は、「一緒《いっしょ》にやろう」と私《わたし》のことも個《こ》人練習《じんれんしゅう》に誘《さそ》ってくれました。特《とく》に冨岡《とみおか》さんは、私《わたし》の1歳上《さいうえ》で福岡工業大学《ふくおかこうぎょうだいがく》という全国《ぜんこく》的《てき》には強《つよ》いとは言《い》えないチームの出身《しゅっしん》です。私《わたし》よりラグビー経験《けいけん》は豊富《ほうふ》ですが、境遇《きょうぐう》が似《に》たところもあってか私生活《しせいかつ》でも気《き》にかけてもらいました。なかなか勝《か》てなかったサントリーの試合中継《しあいちゅうけい》を、「このチームに勝《か》てる日《ひ》が来《く》るのだろうか」などと話《はな》しながら観《み》ていたことも、いい思《おも》い出《で》です。

2002年《ねん》、私《わたし》を東芝《とうしば》に誘《さそ》ってくれたコーチの薫田真広《くんだまさひろ》さんが監督《かんとく》となり、先発《せんぱつ》に定着《ていちゃく》する前《まえ》の冨岡《とみおか》さんをキャプテンに指名《しめい》しました。冨《とみ》岡《おか》さんが**誰《だれ》よりも、チームを強《つよ》くしたい、ゲームに出《で》たいという情熱《じょうねつ》を持《も》っていた**からでしょう。私《わたし》もまだ駆《か》け出《だ》しでしたが、「冨岡《とみおか》さんを勝《か》たせるために、試合《しあい》に出《で》たい」と強《つよ》く思《おも》いました。冨岡《とみおか》さんがキャプテンになった時《とき》は自分《じぶん》のことのように嬉《うれ》しかったです。

どんなチームに入《はい》っても、**先輩《せんぱい》は先輩《せんぱい》としてリスペクトしてほしい**と思《おも》います。怖《こわ》い先輩《せんぱい》の前《まえ》ではきっちりするのに優《やさ》しい先輩《せんぱい》の前《まえ》ではいい加減《かげん》な態度《たいど》を取《と》る、というのはよくありません。

すべての先輩《せんぱい》をリスペクトしながら、特《とく》に尊《そん》敬《けい》できる先輩《せんぱい》からは多《おお》くを得《え》ようと一緒《いっしょ》に時間《じかん》を過《す》ごす。

そういう上下関係《じょうげかんけい》が、素敵《すてき》だと感《かん》じます。

画像提供／東芝ブレイブルーパス

後輩《こうはい》とどう付《つ》き合《あ》う？

敬意《けいい》を持《も》って接《せっ》するのは後輩《こうはい》も同《おな》じ。

ラグビー部《ぶ》やラグビースクールに入《はい》ってしばらく経《た》つと、後輩《こうはい》や、自分《じぶん》よりも後《あと》からチームへ入《はい》る仲間《なかま》にも出会《であ》うでしょう。

私《わたし》はラグビーを始《はじ》めた日大工学部《にちだいこうがくぶ》の2年目《ねんめ》に、初《はじ》めてラグビーの後輩《こうはい》を持《も》ちました。そうはいっても、私《わたし》は1年間《ねんかん》ラグビーをしただけの「素人《しろうと》」だと自覚《じかく》していました。後輩《こうはい》には高校《こうこう》のラグビー部《ぶ》でキャプテンをしていた選手《せんしゅ》もいたので、むしろ**後輩《こうはい》から学《まな》ぶことが多《おお》かった**です。私《わたし》のような初心者《しょしんしゃ》の後輩《こうはい》は、「下手同士《へたどうし》で一緒《いっしょ》に練習《れんしゅう》しよう」と誘《さそ》って、ともに個人練習《こじんれんしゅう》をしていました。

先《さき》ほども伝《つた》えたとおり、チームには厳《きび》しい上下関係《じょうげかんけい》はありませんでした。これからのラグビー界《かい》にも、**厳《きび》しすぎる上下関係《じょうげかんけい》はあまり必要《ひつよう》ない**のかな、と感《かん》じます。むしろ、後輩《こうはい》と付《つ》き合《あ》う時《とき》も、先輩《せんぱい》やコーチと同《おな》じように敬意《けいい》を持《も》って接《せっ》するのがいいのではないでしょうか。

誰《だれ》に対《たい》しても敬意《けいい》を持《も》ってくれる後輩《こうはい》が、私《わたし》のプレーする東芝《とうしば》にもいます。名前《なまえ》は森太志《もりふとし》。私《わたし》よりちょうど10歳年下《さいとしした》のフッカーです。

太志《ふとし》は東芝《とうしば》のグラウンドで練習《れんしゅう》をする府中《ふちゅう》ジュニアラグビースクールの出身《しゅっしん》。お父《とう》さんも東芝《とうしば》でプレーしていたこともあって、東芝《とうしば》の選手《せんしゅ》が大好《だいす》きです。帝京大学《ていきょうだいがく》を出《で》て晴《は》れて東芝《とうしば》に入《はい》ってからは、**さりげない会話《かいわ》のなかでチームメイトの長所《ちょうしょ》を口《くち》にしてくれます**。「さっきの練習《れんしゅう》では、あの先輩《せんぱい》があんなプレーをしていた。すごいよなぁ」

太志《ふとし》は後輩《こうはい》に対《たい》しても同《おな》じように接《せっ》して、**互《たが》いが互《たが》いを認《みと》め合《あ》う空気《くうき》**をチームのなかにつくってくれています。

そんな太志《ふとし》がある日《ひ》、私《わたし》の頭《あたま》を「ポンポン」と叩《たた》いてじゃれてくることがありました。この時《とき》は、私《わたし》よりも周《まわ》りの後輩《こうはい》のほうが「お前《まえ》、何《なに》してるんだ!?」と驚《おどろ》いていました。

太志《ふとし》は、はっきりと言《い》いました。

「俺《おれ》はキンちゃん（私《わたし》のニックネームです）のことを尊敬《そんけい》しているから、いいんだ！」

そう。太志《ふとし》の「ポンポン」の根底《こんてい》にはリスペクトがある。それは普段《ふだん》の言動《げんどう》からも明《あき》らかです。

年齢《ねんれい》に関係《かんけい》なく、チームメイトがお互《たが》いに尊敬《そんけい》しあえるチームは、外《そと》から見《み》てもカッコイイ集団《しゅうだん》なのではないでしょうか。

ケガをしてしまったら

ケガをしたら、「復帰後《ふっきご》のパワーアップ」を目指《めざ》そう。

秋《あき》にワールドカップイングランド大会《たいかい》を控《ひか》えた２０１５年《ねん》の春《はる》ごろ、私《わたし》は右手《みぎて》の甲《こう》を骨折《こっせつ》してしまいました。

その時《とき》は、大会登録《たいかいとうろく》メンバーが決《き》まる前《まえ》。宮崎《みやざき》でハードな候補合宿《こうほがっしゅく》がおこなわれていました。ここで練習《れんしゅう》を休《やす》むのは簡単《かんたん》でしたが、休《やす》むことでワールドカップに出《で》られなかったら一生後悔《いっしょうこうかい》すると思《おも》いました。だから、ケガを抱《かか》えながらでもできる練習《れんしゅう》を探《さが》し、取《と》り組《く》みました。**痛《いた》みはありましたが、とにかく前向《まえむ》きに練習《れんしゅう》を続《つづ》けました**。

「ケガをした場所《ばしょ》が足腰《あしこし》であればもっと苦《くる》しかっただろうが、私《わたし》が負傷《ふしょう》したのは手《て》の甲《こう》。できることは多《おお》い」

「ラグビーをしていれば、みんな痛《いた》い」

外《そと》でのラグビートレーニングにも、できる限《かぎ》り参加《さんか》。ウェイトトレーニングでは、手《て》以外《いがい》に鍛《きた》えられる部位《ぶい》を、集中《しゅうちゅう》して鍛《きた》えました。骨《ほね》を折《お》った手《て》で重《おも》たいバーベルを持《も》つようなことをしなくても、筋力《きんりょく》は鍛《きた》えられました。

そうしたメニューをたくさん教《おし》えてくれるコーチがいたのは、本当《ほんとう》に心強《こころづよ》かったですね。

試合《しあい》に出《で》られない時《とき》と同《おな》じで、ケガをすると前向《まえむ》きなマインドを持《も》ちづらいですよね。ラグビーを好《す》きになってからケガをしてしまうと、痛《いた》い思《おも》いをして頑張《がんば》る仲間《なかま》たちを見《み》て焦《あせ》りや申《もう》し訳《わけ》なさを覚《おぼ》えるかもしれません。

私《わたし》はケガをした場合《ばあい》、「**復帰後《ふっきご》のパワーアップ**」を目指《めざ》すようにします。

それは、復帰《ふっき》した時《とき》にまわりから「**ケガをする前《まえ》よりも弱《よわ》くなった」と思《おも》われたくない**からです。その気持《きも》ちがあるから、イングランド大《たい》会前《かいまえ》にも、ケガをしていない部位《ぶい》を徹底的《てっていてき》に鍛《きた》えられたのです。

画像提供／東芝ブレイブルーパス

レギュラーになれなかったら

試合《しあい》に出《で》られなくなっても、できることはある。

2008年《ねん》からしばらくの間《あいだ》、日本代表《にほんだいひょう》で控《ひか》えに回《まわ》されることが増《ふ》えました。一度《いちど》は**レギュラーを取《と》ったのにその座《ざ》を失《うしな》ったら、悔《くや》しくない選手《せんしゅ》はいない**と思《おも》います。もちろん私《わたし》もそう。ただ、その悔《くや》しさをどう表《あらわ》すかでその選手《せんしゅ》の人間性《にんげんせい》が見《み》えるとも思《おも》っています。**悔《くや》しいからふてくされて愚痴《ぐち》を言《い》うのか、悔《くや》しさを表《おもて》に出《だ》さずに練習《れんしゅう》の姿勢《しせい》で表現《ひょうげん》するのか**。自分《じぶん》は、後者《こうしゃ》でありたいと常《つね》に思《おも》っていました。試合《しあい》に出《で》られないことをまわりのせいにする選手《せんしゅ》を見《み》て、かっこ悪《わる》いとも思《おも》いました。とにかくその時《とき》は、まわりに「なぜ大野《おおの》が選《えら》ばれないんだ」と感《かん》じてもらえるように、気《き》を抜《ぬ》かずに日々《ひび》を過《す》ごしていました。

日本代表《にほんだいひょう》のヘッドコーチが交代《こうたい》した2012年《ねん》からは、再《ふたた》び試合《しあい》に出《で》ることが増《ふ》えました。おかげで2015年《ねん》には私《わたし》にとって3度目《どめ》のワールドカップ出場《しゅつじょう》を決《き》めましたが、イングランドでの本番《ほんばん》では1試合《しあい》も出《で》られなかった選手《せんしゅ》が二人《ふたり》いました。東芝《とうしば》でもチームメイトの廣瀬俊朗《ひろせとしあき》と湯原祐希《ゆはらひろき》です。

二人《ふたり》がすごかったのは、試合《しあい》に出《で》る選手《せんしゅ》のための準備《じゅんび》を黙々《もくもく》とこなしていたことです。湯原《ゆはら》は、練習《れんしゅう》の行《い》き帰《かえ》りの時《とき》など、特《とく》に重《おも》い荷物《にもつ》を率先《そっせん》して運《はこ》んでくれました。主将経験《しゅしょうけいけん》もある廣瀬《ひろせ》は、長距離移動《ちょうきょりいどう》のバスのなかで次《つぎ》に戦《たたか》うチームの試合映像《しあいえいぞう》をパソコンでチェックしていました。その様子《ようす》を見《み》て、「自分《じぶん》だったら、出《で》られない試合《しあい》の相手《あいて》のビデオなんて見《み》たくないだろうな」と頭《あたま》が下《さ》がる思《おも》いでした。練習場《れんしゅうじょう》に出《で》たら、二人《ふたり》とも「仮想対戦相手《かそうたいせんあいて》」のプレーを忠実《ちゅうじつ》におこなってくれました。

経験上《けいけんじょう》、日本代表《にほんだいひょう》に呼《よ》ばれて試合《しあい》に出《で》られないのは悔《くや》しいもの。ましてやワールドカップまで行《い》って試合《しあい》のメンバーから漏《も》れたとしたら、さらに悔《くや》しいはずです。彼《かれ》らはそれをまわりの選手《せんしゅ》に一切感《いっさいかん》じさせませんでした。

このような控《ひか》え選手《せんしゅ》の態度《たいど》は、チームにいい影響《えいきょう》を及《およ》ぼします。なぜなら**試合《しあい》に出《で》る選手《せんしゅ》が、「試合《しあい》に出《で》られない選手《せんしゅ》の分《ぶん》まで頑張《がんば》ろう」と強《つよ》く思《おも》うようになる**からです。付《つ》け加《くわ》えると、裏方《うらかた》のスタッフが一生懸命《いっしょうけんめい》に働《はたら》いているのを見《み》ても「この人《ひと》たちと喜《よろこ》び合《あ》うには、試合《しあい》に出《で》るメンバーががんばって勝《か》つしかない」と力《ちから》が湧《わ》いてきます。

もし試合《しあい》に出《で》られなくても、必死《ひっし》に練習《れんしゅう》したり、グラウンド外《がい》でチームに貢献《こうけん》したりはできます。その姿勢《しせい》が、チームを後押《あとお》しするのです。

チームワークはどう作《つく》られるのか

チームワークの肝《きも》は「まずは自分《じぶん》の持《も》ち場《ば》をやりきる」。

いいチームとは何《なに》か。チームワークとは何《なに》か。それを考《かんが》える時《とき》、大学時代《だいがくじだい》のコーチからもらった言葉《ことば》を思《おも》い出《だ》します。

「**チームワークは、誰《だれ》かのミスをカバーし合《あ》うことじゃない。ひとりひとりが自分《じぶん》の役割《やくわり》を全《まっと》うできていることが、チームワークを作《つく》る**」

確《たし》かに自分《じぶん》の持《も》ち場《ば》を100パーセントやりきれば、他《ほか》の選手《せんしゅ》も自分《じぶん》の持《も》ち場《ば》に集中《しゅうちゅう》できる。15人《にん》がその状態《じょうたい》だったら、チームとしての仕事《しごと》はコンプリートされる……。コーチの話《はなし》を聞《き》いて以来《いらい》、そうだと思《おも》い続《つづ》けています。

チーム作《づく》りに関《かん》する印象深《いんしょうぶか》いエピソードに、サンウルブズの発足《ほっそく》があります。

国際《こくさい》プロリーグのスーパーラグビーへ日本《にほん》から参戦《さんせん》するサンウルブズには、始動《しどう》する前《まえ》から否定的《ひていてき》な意見《いけん》も寄《よ》せられていました。初年度《しょねんど》の2016年《ねん》は、各国《かっこく》から選手《せんしゅ》やスタッフを集《あつ》めてから約《やく》1か月《げつ》で開幕《かいまく》を迎《むか》えなくてはならなかったのです。

ただ私《わたし》は、「否定的《ひていてき》な意見《いけん》があるから勝《か》てなくて当《あ》たり前《まえ》」とは言《い》いたくなかった。むしろ、「まわりが否定的《ひていてき》に見《み》ているからこそ『**苦《くる》しい状態《じょうたい》なのにここまで戦《たたか》えるんだ**』」という風《ふう》に見《み》てもらおうと思《おも》いました。いざシーズンが始《はじ》まってからは遠征《えんせい》の時《とき》の移動《いどう》や食事《しょくじ》で問題《もんだい》もありましたが、私《わたし》はそのことも前向《まえむ》きに捉《とら》えました。幸《しあわ》せを感《かん》じました。

仲間《なかま》からも学《まな》びました。サントリーでもプレーしていたトゥシ・ピシは、最初《さいしょ》のミーティングで「僕《ぼく》は『ラグビープラス』という考《かんが》えを大事《だいじ》にしている。**ラグビーするのは当《あ》たり前《まえ》。それにプラスして――たとえば、グラウンド外《がい》でごみが落《お》ちていたら拾《ひろ》うとか――グラウンド外《がい》での振《ふ》る舞《ま》いでもいいところを見《み》せよう**」と発言《はつげん》。私《わたし》もその考《かんが》えに頷《うなず》きました。

オーストラリア出身《しゅっしん》のエドワード・カークは、日本《にほん》のほとんどの人《ひと》に知《し》られていないなかで来日《らいにち》した選手《せんしゅ》です。スーパーラグビー経験《けいけん》が豊富《ほうふ》で、海外遠征中《かいがいえんせいちゅう》はふさぎ込《こ》みがちな皆《みな》に冗談《じょうだん》を言《い》って場《ば》を和《なご》ませていました。そしてグラウンドに立《た》ったら、率《そっ》先《せん》して体《からだ》を張《は》っていました。「こんなにいい選手《せんしゅ》がいたのか」と驚《おどろ》いたものです。

白星《しろぼし》は1つしか挙《あ》げられませんでしたが、それぞれが自分《じぶん》の持《も》ち場《ば》を全《まっと》うしてチームワークを作《つく》っていました。

厳《きび》しい練習《れんしゅう》を乗《の》り越《こ》える

きつい練習《れんしゅう》との向《む》き合《あ》い方《かた》。

合宿《がっしゅく》などが始《はじ》まる直前《ちょくぜん》は、ゆううつな気分《きぶん》になることもあるでしょう。厳《きび》しいトレーニングを前《まえ》に気《き》が重《おも》くなるのは、いくつになっても変《か》わりません。一方《いっぽう》で、それまでの多《おお》くのきつい練習《れんしゅう》を乗《の》り越《こ》えてきた経験《けいけん》から、こんな前向《まえむ》きな考《かんが》えで臨《のぞ》めるようにもなりました。

「この練習《れんしゅう》をやり切《き》ったとき、自分《じぶん》はさらにもうひとつ上《うえ》のレベルに行《い》けるんだ」

それに、きつい練習《れんしゅう》はずっと続《つづ》くわけではありません。どうせいつか終《お》わるのなら、ポジティブに挑《いど》んだほうが得《とく》です。本格的《ほんかくてき》にラグビーを続《つづ》けようとしたら、きっとハードな合宿《がっしゅく》や練習《れんしゅう》と向《む》き合《あ》うときが来《き》ます。ただ、ラグビーは団体《だんたい》スポーツです。自《じ》分《ぶん》がきついと思《おも》っているときは周《まわ》りも同《おな》じように感《かん》じています。その壁《かべ》を全員《ぜんいん》でポジティブに乗《の》り越《こ》えれば、チームはより強《つよ》くなれるのではないでしょうか。

第《だい》5章《しょう》

ラグビー、どう観《み》るのか？

「やる」だけでなく「観《み》る」のも楽《たの》しいラグビー。ここでは、ラグビーをどう観《み》れば楽《たの》しく、参考《さんこう》になるのかを、ポイントも踏《ふ》まえて解説《かいせつ》します。

プロのプレーは誰《だれ》が見《み》ても参《さん》考《こう》になる

トップレベルの試合《しあい》に感《かん》じる「仲間《なかま》のために」の思《おも》いとは。

かつてラグビーの試合《しあい》と言《い》えば、NHKで日本選手権《にほんせんしゅけん》の試合《しあい》が流《なが》れていたくらい。何《なん》となくむずかしいスポーツというイメージもありました。しかし最近《さいきん》は、テレビやインターネットで世界中《せかいじゅう》のトップ選手《せんしゅ》たちの試合《しあい》を観《み》られます。我々《われわれ》がプレーしているトップリーグの試合《しあい》も、CS中継《ちゅうけい》などで流《なが》していただいていますね。

社会人《しゃかいじん》になりたてのころ、初《はじ》めてスーパーラグビーの試合《しあい》を観《み》たのを覚《おぼ》えています。スーパーラグビーは、ニュージーランドなどラグビーが強《つよ》い国《くに》のクラブが集《あつ》まるプロリーグです。**選手《せんしゅ》たちのスピード、当《あ》たりの激《はげ》しさ、プレーの正確《せいかく》さにふれ、「果《は》たして、これは自分《じぶん》がしているのと同《おな》じスポーツなのだろうか」**と驚《おどろ》いたくらいです。

もしこれからラグビーを始《はじ》める子《こ》どもがトップリーグなどを観《み》たら、私《わたし》が初《はじ》めてスーパーラグビーを観《み》た時《とき》と同《おな》じ思《おも》いを持《も》ってくれるのかな、とも感《かん》じます。それが興味《きょうみ》を抱《いだ》くきっかけになれば嬉《うれ》しいです。

トップレベルの試合《しあい》では、街《まち》であまり見《み》かけないような大《おお》きな人《ひと》たちが素早《すばや》く動《うご》き、バチバチとぶつかりあい、**痛《いた》そうなのに痛《いた》い顔《かお》をせずに体《からだ》を張《は》っています**。ルールがわからないうちは何《なに》が「体《からだ》を張《は》っている」にあたるかがわからないかもしれません。それでも選手《せんしゅ》が**仲間《なかま》のためにボールを守《まも》ったり、ピンチを迎《むか》えた仲間《なかま》を助《たす》けたりする**動《うご》きには感《かん》じるものがあると思《おも》います。

私自身《わたしじしん》、自分《じぶん》のためにがんばる時《とき》はどこかで「これくらいでいいかな」と思《おも》ってしまいますが、人《ひと》のためにがんばる時《とき》は限界以上《げんかいいじょう》の力《ちから》を出《だ》している気《き》がします。どれくらいがんばったらその人《ひと》のためになるのかは、わからないですから。仲間《なかま》のために。この思《おも》いは、多《おお》くの選手《せんしゅ》たちの原動力《げんどうりょく》になっていると思《おも》います。

画像提供／東芝ブレイブルーパス

試《し》合《あい》ってどう観《み》る？

試合観戦《しあいかんせん》は生《なま》？　テレビ？　海外《かいがい》の試合《しあい》で違《ちが》う次元《じげん》を味《あじ》わう。

ラグビーをしてみて楽《たの》しいと思《おも》ったら、近《ちか》くの**スタジアムでトップレベルの試合《しあい》を観《み》てほしい**ですね。人《ひと》と人《ひと》とがぶつかり合《あ》う音《おと》、ファンの方《かた》の盛《も》り上《あ》がりを実際《じっさい》に感《かん》じられます。生《なま》ならではの迫力《はくりょく》は、試合《しあい》でなくても感《かん》じられます。もし近所《きんじょ》で高校《こうこう》、大学《だいがく》、社会人《しゃかいじん》のトップチームの**練習《れんしゅう》を見学《けんがく》できるなら、のぞいてみるといいでしょう**。

先日《せんじつ》、私《わたし》の友人《ゆうじん》が東芝《とうしば》のグラウンドに遊《あそ》びに来《き》てくれました。彼《かれ》は子《こ》どもを連《つ》れてきていたので、一緒《いっしょ》にラグビーボールで遊《あそ》んだり、持《も》ち上《あ》げてポールにぶら下《さ》がらせたりしました。すると、「僕《ぼく》、ラグビーやる」と興味《きょうみ》を持《も》ってくれました。

体験《たいけん》するって、大事《だいじ》ですね。

住《す》んでいる地域《ちいき》でビッグゲームや強豪《きょうごう》チームのトレーニングが見《み》られないなら、テレビ中継《ちゅうけい》でラグビーを楽《たの》しんでもらいたいです。カメラがズームして重要《じゅうよう》なシーンを映《うつ》してくれたり、試合《しあい》の流《なが》れに沿《そ》った実況《じっきょう》や解説《かいせつ》を聞《き》けたり。スーパープレーを見逃《みのが》してしまっても、リプレイ映像《えいぞう》で確認《かくにん》できます。**テレビ観戦《かんせん》には、生観戦《なまかんせん》と違《ちが》ったよさがあります**。

海外《かいがい》の試合《しあい》をテレビで観《み》ると、国内《こくない》のそれとは違《ちが》う次元《じげん》にふれられます。日本《にほん》で滅多《めった》にいない身長《しんちょう》190センチ台《だい》のウイングは、海外《かいがい》にはざらにいます。そうした**強《つよ》くて速《はや》い選手《せんしゅ》を小《ちい》さな選手《せんしゅ》が一撃《いちげき》で止《と》めるシーンは、痛快《つうかい》**です。

慣《な》れてきたら、国《くに》ごとのスタイルの違《ちが》いにも注目《ちゅうもく》してみましょう。わかりやすいのはフィジー代表《だいひょう》やフィジー出身選手《しゅっしんせんしゅ》の動《うご》き。フィジアン特有《とくゆう》の鋭《するど》いステップや、片手《かたて》でのパスをつなぎながら、一気《いっき》にトライを取《と》りきる動《うご》きは「フィジアンマジック」と呼《よ》ばれています。私《わたし》は対戦《たいせん》相手《あいて》として何度《なんど》も驚《おどろ》かされてきました。

画像提供/東芝ブレイブルーパス

ラグビーはここを見《み》ると面白《おもしろ》い！

試合《しあい》を観《み》て学《まな》べること。

東芝《とうしば》に入《はい》りたてのころは、高《たか》いレベルでのパススピードに慣《な》れずにどうしてもノックオン（ボールを前《まえ》に落《お》とす反則《はんそく》）が増《ふ》えていました。

そしてノックオンを恐《おそ》れるあまり、パスをする選手《せんしゅ》へ近《ちか》づいて待《ま》ち構《かま》えてしまう。それでは勢《いきお》いをつけられないから、ボールをもらったらどうしても相手《あいて》の強《つよ》いタックルで倒《たお》される……。

そんな悪循環《あくじゅんかん》を断《た》ってくれたのが、当時《とうじ》ロックでレギュラーだった釜澤晋《かまざわすすむ》さんです。「どうしたら良《よ》いアタックができるだろう」と思《おも》いながら釜澤《かまざわ》さんの動《うご》きを見《み》ると、すぐにその答《こた》えが見《み》つかりました。釜澤《かまざわ》さんがボールをもらう時《とき》は、パスを出《だ》す選手《せんしゅ》よりずいぶん後《うし》ろから、勢《いきお》いをつけて走《はし》り込《こ》んで、持《も》ち前《まえ》の大《おお》きな体《からだ》を生《い》かして、何《なん》度《ど》も突進《とっしん》していました。

「ミスを恐《おそ》れて縮《ちぢ》こまってプレーするのではなくて、思《おも》いっきりやってみよう」

そう考《かんが》えを改《あらた》めて釜澤《かまざわ》さんのようにしてみたら、私《わたし》も大《おお》きく防御《ぼうぎょ》を破《やぶ》れるようになりました。改《あらた》めて、ボールをもらう楽《たの》しさを覚《おぼ》えられました。

上手《うま》くなるコツのひとつに、上手《じょうず》な試合《しあい》や練習《れんしゅう》を観《み》ることがあります。

私《わたし》であれば、いま言《い》ったように選手《せんしゅ》のボールのもらい方《かた》やタイミングに注目《ちゅうもく》します。小学生《しょうがくせい》のチームを見学《けんがく》に行《い》った時《とき》も、いい選手《せんしゅ》はちゃんと目《め》の前《まえ》にスペースがある場《ば》所《しょ》でボールを待《ま》っているものです。視点《してん》を変《か》えて、パスを放《ほう》るタイミングや場所《ばしょ》を参《さん》考《こう》にしてもいいかもしれません。相手選手《あいてせんしゅ》が誰《だれ》もいない場所《ばしょ》へパン、パン、パンときれいにボールを繋《つな》ぐシーンは、単純《たんじゅん》にきれいですね。

自分《じぶん》と違《ちが》うポジションを気《き》にしながら試合《しあい》を観《み》るのも、面白《おもしろ》いです。

私《わたし》であれば、いままで一度《いちど》もしたことがない司令塔《しれいとう》のスタンドオフに興味《きょうみ》を持《も》ちます。スタンドオフの選手《せんしゅ》は、「どうゲームをコントロールするか」「相手《あいて》のディフェンスを破《やぶ》るためにどんなプレーを選択《せんたく》するか」を考《かんが》えながらプレーしています。私《わたし》たちロックが「体《からだ》を張《は》ってボールを守《まも》る」「ひたすら相手《あいて》にぶち当《あ》たって壁《かべ》を破《やぶ》る」「いい形《かたち》でボールをもらうために正《ただ》しいポジショニングをする」という意識《いしき》でいるのに対《たい》し、試合全体《しあいぜんたい》の流《なが》れを読《よ》んでいるのがわかります。

同《おな》じ試合《しあい》でも、**ポジションによって見《み》え方《かた》が違《ちが》う**のです。

私《わたし》が出会《であ》った素晴《すば》らしい選手《せんしゅ》たち

ともに戦《たたか》った仲間《なかま》の存在《そんざい》は、私《わたし》の宝物《たからもの》です。

２０１５年《ねん》のワールドカップイングランド大会《たいかい》。もっともハードワークしたとして、ラグビーファンからたたえられた選手《せんしゅ》に、トンプソン・ルークがいます。彼《かれ》とは２００７年《ねん》のフランス大会《たいかい》から３大会《たいかい》、ともにワールドカップを戦《たたか》ってきました。**フィールド上《じょう》で見《み》せる鬼気迫《ききせま》る表情《ひょうじょう》とは正反対《せいはんたい》のとても優《やさ》しくチーム思《おも》いの男《おとこ》で、年下《としした》ではありますが、尊敬《そんけい》する選手《せんしゅ》です。**

２０１７年《ねん》のアイルランド戦《せん》の直前《ちょくぜん》、私《わたし》はケガをしてしまいました。そんな私《わたし》の代《か》わりに声《こえ》がかかったのがルークでした。ケガで落《お》ち込《こ》んでいた私《わたし》に彼《かれ》は連絡《れんらく》をくれ、「キンちゃんの代《か》わりだから頑張《がんば》るよ」と言《い》ってくれました。２０１５年《ねん》のワールドカップを最後《さいご》に代表引退《だいひょういんたい》を宣言《せんげん》していましたが、急《きゅう》な招集《しょうしゅう》に応《こた》えてくれて、その時《とき》のアイルランド戦《せん》での彼《かれ》の活躍《かつやく》に感動《かんどう》した人《ひと》も少《すく》なくないでしょう。

2015年《ねん》のワールドカップはもちろんラグビー人生《じんせい》でもっとも輝《かがや》かしい思《おも》い出《で》となりましたが、私《わたし》にとって初《はじ》めて出場《しゅつじょう》した2007年大《ねんたい》会《かい》をともに戦《たたか》った選手《せんしゅ》たちは今《いま》でも濃《こ》く関《かか》わりあう仲間《なかま》たちです。特《とく》に同《おな》い年《どし》の木曽一《きそはじめ》、熊谷《くまがえ》皇紀《たかのり》、大西将太郎《おおにししょうたろう》。木曽《きそ》、熊谷《くまがえ》は同《おな》じポジションとしてグラウンド上《じょう》ではしのぎを削《けず》りましたが、だからこそ気心《きごころ》が知《し》れる同士《どうし》として、190センチ以上《いじょう》の3人《にん》で「巨人会《きょじんかい》」として、今《いま》でもよく集《あつ》まります。

大西《おおにし》の現役最後《げんえきさいご》の試合《しあい》は壮絶《そうぜつ》なものでした。試合中《しあいちゅう》に肩《かた》を痛《いた》めながら、その痛《いた》い肩《かた》で何度《なんど》もタックルにいき、試合終了《しあいしゅうりょう》のホイッスルの時《とき》、彼《かれ》はうずくまってグラウンドに倒《たお》れこんでいました。**同《おな》じ日《ひ》の丸《まる》を背負《せお》い、ともに戦《たたか》った彼《かれ》の最後《さいご》のプレーは、私《わたし》に大《おお》きな感動《かんどう》と勇気《ゆうき》を与《あた》えてくれました。**

元《もと》ニュージーランド代表《だいひょう》で東芝《とうしば》のキャプテン、リチャード・カフィは、タックルに責任感《せきにんかん》をにじませます。何度《なんど》も肩《かた》の手術《しゅじゅつ》をしているのに、恐怖心《きょうふしん》を感《かん》じさせないハードヒット。味方《みかた》が抜《ぬ》かれたら「指一本《ゆびいっぽん》でも止《と》めてやろう」と最後《さいご》まで相手《あいて》を追《お》います。普段《ふだん》から日本語《にほんご》を一生懸命《いっしょうけんめい》おぼえ、誰《だれ》にでも分《わ》け隔《へだ》てなく話《はな》しかけてくれます。その姿《すがた》に私《わたし》は感銘《かんめい》を受《う》けるし、**「こいつと一緒《いっしょ》に戦《たたか》いたい」と思《おも》わせてくれます**。

東芝《とうしば》、日本代表《にほんだいひょう》の両方《りょうほう》でお世話《せわ》になった先輩《せんぱい》の渡邉泰憲《わたなべやすのり》さんは、ラグビー選手《せんしゅ》としての戦《たたか》う姿勢《しせい》を示《しめ》してくれました。２００７年《ねん》に来日《らいにち》したオールブラックスのＯＢ選手《せんしゅ》で結成《けっせい》されたクラシックオールブラックスと当時《とうじ》の日本代表《にほんだいひょう》として対峙《たいじ》した時《とき》です。ＯＢチームといっても、やはり元《もと》オールブラックス。実力《じつりょく》は日本代表《にほんだいひょう》より格段《かくだん》に上《うえ》です。２０１９年《ねん》ワールドカップで日本代表《にほんだいひょう》を指揮《しき》するジェイミー・ジョセフもそのメンバーの一人《ひとり》でした。その強敵《きょうてき》を相手《あいて》に、渡邉《わたなべ》さんは**文字通《もじどお》りケガをも恐《おそ》れぬタックル、ファイトで立《た》ち向《む》かう姿《すがた》を見《み》せてくれました**。後日聞《ごじつき》いた話《はなし》では、どこか観光気分《かんこうきぶん》で来日《らいにち》していたクラシックオールブラックスでしたが、ハーフタイムのロッカー室《しつ》では「あの６番《ばん》（渡邉《わたなべ》さんの背番号《せばんごう》）を潰《つぶ》せ」という指示《しじ》が出《で》ていたそうです。**王国《おうこく》を本気《ほんき》にさせた男《おとこ》の姿《すがた》は、今《いま》でも忘《わす》れません**。

第《だい》6章《しょう》

子《こ》どもにラグビーをすすめてみては？

親御《おやご》さんへ向《む》けて、子《こ》どもたちがラグビーを始《はじ》めるうえで気《き》をつけてほしいことや、どうやってラグビーに触《ふ》れさせてあげればいいのかなど、大野均選手《おおのひとしせんしゅ》からのアドバイスをお伝《つた》えします。

「きつい練習《れんしゅう》」と「勝利主義《しょうりしゅぎ》」

指導者《しどうしゃ》が考《かんが》える「きつい練習《れんしゅう》」と「勝利主義《しょうりしゅぎ》」の意味《いみ》。

子《こ》どもにラグビーを指導《しどう》するうえで、やらせづらいけどやらせなければならないのがタフなトレーニング。体《からだ》をぶつけ合《あ》うという特徴《とくちょう》をもつラグビーでは、子《こ》どもが驚《おどろ》くような**苦《くる》しい練習《れんしゅう》も必要《ひつよう》になります**。

この時《とき》に大切《たいせつ》なのは、教《おし》え子全員《ごぜんいん》へのリスペクトを抱《いだ》くこと。そして、そのきつい練習《れんしゅう》が「必要《ひつよう》だ」と子《こ》どもたちに思《おも》わせることです。きつい練習《れんしゅう》によっていい結果《けっか》が得《え》られたり、きつい練習《れんしゅう》をする面白《おもしろ》みが得《え》られたりすれば、選手《せんしゅ》も前向《まえむ》きになれます。

私《わたし》はエディー・ジョーンズヘッドコーチ時代《じだい》の日本代表《にほんだいひょう》で、理不尽《りふじん》に思《おも》える練習《れんしゅう》を何回《なんかい》もしてきました。そのおかげでヨーロッパの強豪《きょうごう》であるウェールズ代表《だいひょう》やイタリア代表《だいひょう》に勝《か》つなど、それまでの日本代表《にほんだいひょう》ができなかったことを達成《たっせい》することができました。そのため「**この苦《くる》しい練習《れんしゅう》が必要《ひつよう》なのだ**」と、練習《れんしゅう》に前向《まえむ》きに取《と》り組《く》むことができました。
指導《しどう》に関《かん》するテーマには、「勝利主義《しょうりしゅぎ》」もあります。

チームの目的《もくてき》はさまざまでいいと思《おも》いますが、勝利《しょうり》を目指《めざ》してこそ得《え》られるものもあります。人数《にんずう》の多《おお》いチームでは、試合《しあい》に出《で》られる選手《せんしゅ》と出《で》られない選手《せんしゅ》が出《で》てきます。出《で》られない選手《せんしゅ》には**「試合以外《しあいいがい》でどんな貢献《こうけん》ができるか」**を探《さが》すチャンスが生《う》まれ、出《で》られる選手《せんしゅ》は「出《で》られない選手《せんしゅ》のためにがんばろう」というモチベーションを得《え》られます。

一方《いっぽう》、**「100パーセントの力《ちから》を出《だ》し切《き》れば負《ま》けても清々《すがすが》しい」のもラグビーの良《よ》さ**です。「ここまでやって負《ま》けたのなら……」と思《おも》える瞬間《しゅんかん》は、多《おお》い気《き》がします。指導者《しどうしゃ》の方《かた》には、選《せん》手《しゅ》が「体《からだ》も疲《つか》れて痛《いた》いけれど、楽《たの》しかったね」と笑《わら》える前向《まえむ》きな体験《たいけん》をさせてほしいです。

画像提供／東芝ブレイブルーパス

子《こ》どものケガ、こわくない？

ラグビーで学《まな》べる「相手《あいて》の痛《いた》み」と「ケガの悔《くや》しさ」とは。

「ラグビーを始《はじ》めたい」

子《こ》どもにそう言《い》われた時《とき》、どう思《おも》いますか？

「痛《いた》そうじゃない？」

ラグビーをしたことがなければなおさら、こんな風《ふう》にケガや体《からだ》への負荷《ふか》を心配《しんぱい》するのではないでしょうか。

確《たし》かにラグビーは体《からだ》をぶつけ合《あ》うスポーツ。ケガの危険《きけん》もまったくないとは言《い》えません。ただ、最近《さいきん》では少《すこ》しでも脳震《のうしん》とうの疑《うたが》いがあればグラウンドから出《だ》されるなど、**選手《せんしゅ》の安全面《あんぜんめん》が考《かんが》えられています**。何《なに》よりケガや痛《いた》みのリスクを背負《せお》う以上《いじょう》に、ケガや痛《いた》みを前向《まえむ》きにとらえられると私《わたし》は思《おも》います。

改《あらた》めて言《い》いますが、ラグビーはお互《たが》いが体《からだ》をぶつけ合《あ》うスポーツです。もし相手選《あいてせん》手《しゅ》と**ぶつかって痛《いた》いのなら、その相手《あいて》も同《おな》じくらい痛《いた》い**。こうした感覚《かんかく》は、硬《かた》いボールをぶつけられるだけでは得《え》られません。

他人《たにん》の痛《いた》みを想像《そうぞう》できる力《ちから》。それは、ラグビーで得《え》られる特殊《とくしゅ》な価値《かち》のひとつです。

ケガをした時《とき》の悔《くや》しさも、ラグビーでならより深《ふか》く味《あじ》わえるのではないでしょうか。

ケガで練習《れんしゅう》ができない間《あいだ》も、味方《みかた》は痛《いた》い思《おも》いをしながらがんばっています。私《わたし》はケガをした時《とき》、「**いま練習《れんしゅう》ができないのはしかたがないけど、少《すこ》しでも早《はや》く治《なお》して仲間《なかま》と体《からだ》をぶつけ合《あ》いたい**」と思《おも》います。この感情《かんじょう》を子《こ》どものうちから味《あじ》わえるのは、素晴《すば》らしいことだと感《かん》じます。

そしてチームを指導《しどう》する方《かた》や仲間《なかま》の戻《もど》りを待《ま》つ選手《せんしゅ》たちには、**ケガをした選手《せんしゅ》が「早《はや》く復帰《ふっき》してチームに貢献《こうけん》したい」と思《おも》える雰囲気《ふんいき》を作《つく》ってほしい**と願《ねが》います。

画像提供／東芝ブレイブルーパス

親《おや》として、子《こ》どもに協力《きょうりょく》できること

コーチは楽《たの》しさとルールを伝《つた》え、親《おや》は見守《みまも》る。

小学生《しょうがくせい》の息子《むすこ》がサッカーをしていて、試合《しあい》や練習《れんしゅう》をするグラウンドへの送《おく》り迎《むか》えをすることもあります。いざ始《はじ》まってしまえば私《わたし》を気《き》にせずにプレーしていますが、それまでは「観《み》ないで帰《かえ》って」と言《い》われることもあります。

自分《じぶん》の子《こ》どものころを思《おも》い出《だ》せば、納得《なっとく》できるところもあります。私《わたし》が入《はい》っていた野球《やきゅう》チームでは父親《ちちおや》がコーチをしていたためずっとグラウンドにいたのですが、どこか恥《は》ずかしく、緊張《きんちょう》していたのを思《おも》い出《だ》します。最近《さいきん》では指導者《しどうしゃ》が足《た》りないラグビースクールやチームも多《おお》いそうです。お父《とう》さんがラグビー経験者《けいけんしゃ》だとわかると、すぐに指導員《しどういん》になってもらえないかと言《い》われるようです。子《こ》どもにラグビーを教《おし》える時《とき》は、**競技《きょうぎ》の楽《たの》しさを教《おし》えていただきたいです。また競技《きょうぎ》を通《とお》して挨拶《あいさつ》などの礼儀《れいぎ》、団体行動《だんたいこうどう》をするうえで大切《たいせつ》なことも伝《つた》えてもらえたら最高《さいこう》です。**

スポーツをする**子《こ》どもにとっての親御《おやご》さんの存在《そんざい》は、親御《おやご》さんが思《おも》う以上《いじょう》に大《おお》きい**のではないでしょうか。そう考《かんが》えると、スポーツをする子《こ》どもの**親御《おやご》さんには「見守《みまも》ること」を大事《だいじ》にしてほしい**と感《かん》じます。

たとえば試合後《しあいご》。親御《おやご》さんが運転《うんてん》される車《くるま》で帰《かえ》っている時《とき》、子《こ》どもは疲《つか》れているし、勝《か》った時《とき》は勝《か》った喜《よろこ》びを、負《ま》けた時《とき》は負《ま》けた悔《くや》しさをかみしめているものです。私自身《わたしじしん》もトップリーグやテストマッチの試合帰《しあいがえ》り、電車《でんしゃ》やバスの中《なか》で一人《ひとり》そうしています。そんな時《とき》、ダメ出《だ》しをされようものなら、疲《つか》れが倍増《ばいぞう》するだけです。そのタイミングでは、当日《とうじつ》のプレーのうち**よかったところを少《すこ》し褒《ほ》めるくらいでちょうどいい**のではないでしょうか。

その何気《なにげ》ない一言《ひとこと》が、次《つぎ》の試合《しあい》、練習《れんしゅう》に向《む》けてのモチベーションにつながるはずです。

ブレイブルーパス
府中《ふちゅう》ジュニアラグビークラブ
親子《おやこ》アンケート

この本《ほん》の取材《しゅざい》に協力《きょうりょく》していただいたブレイブルーパス府中《ふちゅう》ジュニアラグビークラブの6年《ねん》生《せい》(取材時《しゅざいじ》)とご家族《かぞく》にお話《はなし》を聞《き》いてみました。これからラグビーを始《はじ》めたいと思《おも》っているご家族《かぞく》の参考《さんこう》になりますよ。

質問項目《しつもんこうもく》

①いつから始《はじ》めましたか?
②始《はじ》めた理由《りゆう》は?
③ラグビーの楽《たの》しいところは?
④難《むずか》しいところ、厳《きび》しいところは?
⑤好《す》きな選手《せんしゅ》・チームは?

FILE 1
鈴木凜太郎《すずきりんたろう》くん

①2年生《ねんせい》　②父《ちち》に勧《すす》められました。
③体《からだ》をたてながらプレーするところ。
④体力《たいりょく》と判断力《はんだんりょく》が必要《ひつよう》なところ。⑤ジュリアン・サヴェア選手《せんしゅ》

父《ちち》・鈴木奈《すずきだい》さん

近所《きんじょ》にチームがあって兄《あに》もやっていました。日常生活《にちじょうせいかつ》では体験《たいけん》できないことが体験《たいけん》できているし、礼儀《れいぎ》が身《み》につき、我慢強《がまんづよ》くなりました。家族共通《かぞくきょうつう》の趣味《しゅみ》です。

FILE 2
杉本姫菜乃《すぎもとひなの》さん

①4歳《さい》　②兄《あに》の影響《えいきょう》。女子《じょし》の日本代表《にほんだいひょう》になりたい。
③相手《あいて》のタックルをかわしてトライしたとき。
④タックル。当《あ》たるのが怖《こわ》い。⑤ポーシャ・ウッドマン選手《せんしゅ》

父《ちち》・杉本誠《すぎもとまこと》さん

知《し》り合《あ》いに勧《すす》められてラグビーに。仲間《なかま》がたくさんできたし、体《からだ》も丈夫《じょうぶ》になりました。ちょっと遠《とお》くから参加《さんか》しているので送迎《そうげい》が少《すこ》し大変《たいへん》です。

FILE 3
田所壮心《たどころそうしん》くん

①6歳《さい》　②兄《あに》がやっていたから。
③トライ！　④体力《たいりょく》が必要《ひつよう》なところ。
⑤リーチマイケル選手《せんしゅ》、慶応大学《けいおうだいがく》

田所《たどころ》さんご一家《いっか》

祖父《そふ》と兄《あに》がやっていたのと姉《あね》も大学《だいがく》ラグビー部《ぶ》のマネージャーをしていたので影響《えいきょう》を受《う》けたようです。ケガが多《おお》いのは大変《たいへん》ですが、人格形成《じんかくけいせい》ができて学校生活《がっこうせいかつ》にも生《い》きていると思《おも》います。

FILE 4
田中大和《たなかやまと》くん

①5歳《さい》 ②父《ちち》に勧《すす》められて。将来《しょうらい》ラグビー選手《せんしゅ》になりたい。
③トライをすること、試合《しあい》に勝《か》つこと、仲間《なかま》といっしょにプレーができること。
④タックルをすること、体力《たいりょく》が必要《ひつよう》なこと。
⑤ダミアン・マッケンジー選手《せんしゅ》、東芝《とうしば》ブレイブルーパス

父《ちち》・田中健一《たなかけんいち》さん

コンタクトプレーを通《つう》じて人《ひと》の痛《いた》みがわかる人間《にんげん》になってほしいと思《おも》いました。1チーム15人《にん》と人数《にんずう》が多《おお》く、大切《たいせつ》なチームワークが学《まな》べるスポーツだと思《おも》います。

FILE 5
笹川祐《ささがわたすく》くん

①6歳《さい》 ②お父《とう》さんがやっていたから。
③ボールを持《も》って走《はし》って、トライを決《き》めるところ。
④ラインアウトでまっすぐ遠《とお》くにボールを投《な》げること。
⑤デービッド・ポーコック選手《せんしゅ》、TJ・ペレナラ選手《せんしゅ》。

笹川《ささがわ》さんご一家《いっか》

父親《ちちおや》がやっていたのと母親《ははおや》もラグビーが大好《だいす》きなので始《はじ》めました。よい仲間《なかま》に出会《であ》えました。ラグビーは自分《じぶん》だけではトライできない。チームの一員《いちいん》として頑張《がんば》ることを学《まな》んでほしいす。

FILE 6
相原勇大《あいはらゆうた》くん

①5歳《さい》 ②父《ちち》の影響《えいきょう》。
③ボールを手《て》に持《も》ったりキックしたり自由《じゆう》なところ。
④タックルをするときなど体《からだ》を低《ひく》くしてプレーするとき。
⑤オーウェン・ファレル選手《せんしゅ》、明治大卒《めいじだいそつ》の山沢京平選手《やまさわきょうへいせんしゅ》

父《ちち》・相原和也《あいはらかずや》さん

チームスポーツなので仲間同士《なかまどうし》で協力《きょうりょく》することや忍耐力《にんたいりょく》が学《まな》べ、身体的《しんたいてき》な強《つよ》さも身《み》につきます。私《わたし》も高校《こうこう》、大学《だいがく》でプレーしていました。

FILE 7
加藤大地《かとうだいち》くん

①2年生《ねんせい》 ②お父《とう》さんに勧《すす》められました。
③ボールを持《も》ってトライするとき。 ④タックルに入《はい》る勇気《ゆうき》。
⑤ダミアン・マッケンジー選手《せんしゅ》、ニュージーランド代表《だいひょう》

父《ちち》・加藤一郎《かとういちろう》さん

ラグビーを通《とお》して人《ひと》の気持《きも》ちを考《かんが》えられる子《こ》になりました。ケガの心配《しんぱい》もありますが基本的《きほんてき》なことをきちんと身《み》につければ大丈夫《だいじょうぶ》だと思《おも》っています。

FILE 8

内田晴崇《うちだはるたか》くん

①5歳《さい》 ②お父《とう》さんに勧《すす》められて。

③トライ！ ④体格差《たいかくさ》。合宿《がっしゅく》でたくさん走《はし》ること。

⑤田中史朗選手《たなかふみあきせんしゅ》、早稲田大学《わせだだいがく》の齋藤直人選手《さいとうなおひとせんしゅ》

父《ちち》・内田守彦《うちだもりひこ》さん

私《わたし》も高校《こうこう》、大学《だいがく》、社会人《しゃかいじん》でプレーしていました。仲間《なかま》との横《よこ》のつながりや他《ほか》の人《ひと》への共感《きょうかん》を学《まな》ぶことができるスポーツだと思《おも》います。ラグビーを好《す》きになってくれてよかった。

FILE 9

紺谷隼太郎《こんたにしゅんたろう》くん

①6歳《さい》 ②お父《とう》さんに勧《すす》められて。

③トライ！ ④タックル！

⑤山沢拓也選手《やまさわたくやせんしゅ》

父《ちち》・紺谷勝之《こんたにかつゆき》さん

私《わたし》は経験者《けいけんしゃ》ではないのですが、ボールゲームでチームの人数《にんずう》がいちばん多《おお》いスポーツなので、多《おお》くの友達《ともだち》・仲間《なかま》ができると思《おも》い勧《すす》めました。高校《こうこう》までは続《つづ》けてほしいなと思《おも》っています。

ブレイブルーパス府中《ふちゅう》ジュニアラグビークラブ

今回《こんかい》、ご協力《きょうりょく》いただいた「ブレイブルーパス府中《ふちゅう》ジュニアラグビークラブ」は1982年《ねん》に創設《そうせつ》され、クラブ員《いん》の保護者達《ほごしゃたち》によって運営《うんえい》される未就学児《みしゅうがくじ》と小中学生《しょうちゅうがくせい》のラグビークラブです。保護者《ほごしゃ》も一緒《いっしょ》にラグビークラブライフを楽《たの》しんでいます。市内《しない》および近隣《きんりん》の未就学《みしゅうがく》児《じ》、小学校《しょうがっこう》、中学校《ちゅうがっこう》の子《こ》どもたちが一緒《いっしょ》に練習《れんしゅう》するので、学校《がっこう》の友達《ともだち》とは違《ちが》った仲間《なかま》がいっぱい出来《でき》ます。現在《げんざい》、男女合《だんじょあ》わせて約《やく》300人《にん》が在籍《ざいせき》。
チーム方針《ほうしん》は、1、大《おお》きな声《こえ》で挨拶《あいさつ》をする 2、仲間《なかま》を大切《たいせつ》にする 3、基礎練習《きそれんしゅう》をしっかりする 4、向上心《こうじょうしん》を持《も》って 5、明《あか》るく楽《たの》しく
とのこと。詳《くわ》しくはホームページをご覧《らん》ください。

クラブHP:
http://bfjrc.jp/

第《だい》7章《しょう》

日本《にほん》と世界《せかい》のラグビー

2019年《ねん》に日本《にほん》で開催《かいさい》されるワールドカップ。日本《にほん》にやってくる世界《せかい》のスーパースター、それを迎《むか》えうつ日本代《にほんだい》表《ひょう》。「世界《せかい》」を知《し》る大野《おおの》均《ひとし》選手《せんしゅ》が語《かた》る㊙エピソード。

世界《せかい》のラグビー強豪国《きょうごうこく》

ゴールライン上《じょう》でのプライド。世界《せかい》の強豪《きょうごう》の特徴《とくちょう》は？

長《なが》く日本代表《にほんだいひょう》に選《えら》んでいただいたことで、私《わたし》は多《おお》くの国《くに》の選手《せんしゅ》たちと試合《しあい》ができました。ここでは、自分《じぶん》なりに感《かん》じた世界《せかい》トップの代表《だいひょう》チームの印象《いんしょう》をお伝《つた》えします。

まず、ワールドカップ2連覇中《れんぱちゅう》のオールブラックスとニュージーランド代表《だいひょう》についてです。

私《わたし》にとって2度目《どめ》となるオールブラックスとの試合《しあい》は2013年《ねん》11月《がつ》、東京《とうきょう》の秩父宮《ちちぶのみや》ラグビー場《じょう》でありました。

単純《たんじゅん》なぶつかり合《あ》いの強《つよ》さや激《はげ》しさは、「思《おも》った通《とお》りの強《つよ》さだ」という感《かん》じ。裏《うら》を返《かえ》せば、「強《つよ》すぎてびっくりするくらい」ではない。正直《しょうじき》に言《い》って**日本代表《にほんだいひょう》も、決《けっ》して引《ひ》けを取《と》ってはいなかった**と思《おも》います。

ただ彼《かれ》らには、**ミスをしないという強《つよ》さ**がありました。無謀《むぼう》なパスを放《はな》ったように見《み》える時《とき》でも、確実《かくじつ》にボールを繫《つな》いでトライしてしまいます。

さらに驚《おどろ》いたのは、6対《たい》54と大差《たいさ》がついていた試合終了間際《しあいしゅうりょうまぎわ》のことです。

この時《とき》は日本代表《にほんだいひょう》で最《もっと》も足《あし》の速《はや》い福岡堅樹《ふくおかけんき》が一矢報《いっしむく》いようと、左《ひだり》タッチライン際《ぎわ》でトライを狙《ねら》いました。しかし福岡《ふくおか》がゴールラインに飛《と》び込《こ》む間際《まぎわ》、相手《あいて》のキャプテンだったリッチー・マコウがものすごい勢《いきお》いでタックルを放《はな》ちます。福岡《ふくおか》をタッチラインの外《そと》へ押《お》し出《だ》し、失点《しってん》を防《ふせ》ぎました。

日本《にほん》でおこなわれた試合《しあい》です。「あそこくらいサービスしてくれても……」というのは冗談《じょうだん》ですが、**どんな時《とき》でも絶対《ぜったい》にトライを与《あた》えまいとする姿《すがた》に彼《かれ》らのプライドを感《かん》じました**。やはり、世界《せかい》で約《やく》9割《わり》の勝率《しょうりつ》を誇《ほこ》るチームは違《ちが》いますね。

そのニュージーランドとしのぎを削《けず》ってきた強豪《きょうごう》と言《い》えば、スプリングボクスこと南《みなみ》アフリカ代表《だいひょう》です。

私《わたし》たちは**２０１５年《ねん》のワールドカップイングランド大会《たいかい》で、彼《かれ》らを倒《たお》すことができました**。しかし、彼《かれ》らとぶつかった感触《かんしょく》には強《つよ》さを感《かん》じました。その試合《しあい》の後半《こうはん》では２本《ほん》のトライを与《あた》えていますが、どちらのシーンでも**体《からだ》の大《おお》きなフォワードの選手《せんしゅ》が力強《ちからづよ》く、そしてスピード豊《ゆた》かに駆《か》け抜《ぬ》けています**。日本代表《にほんだいひょう》のカーン・ヘスケスが逆《ぎゃく》転《てん》トライを決《き》めたラストワンプレーでも、相手《あいて》は最後《さいご》の最後《さいご》までボールを地面《じめん》に置《お》かせないよう必死《ひっし》にタックルしていました。その執念《しゅうねん》は「さすが」と思《おも》いました。

この両国《りょうこく》とともに南半球《みなみはんきゅう》トップクラスの実力《じつりょく》を誇《ほこ》るのは、ワラビーズことオーストラリア代表《だいひょう》。２０１７年《ねん》に来日《らいにち》しておこなった日本代表戦《にほんだいひょうせん》でも、隙《すき》のなさを感《かん》じました。特《とく》にバックスには突破力《とっぱりょく》のある選手《せんしゅ》が並《なら》んでいて、誰《だれ》がボールを持《も》っても脅威《きょうい》になりそうです。

今度《こんど》の**ワールドカップ日本大会《にほんたいかい》で、日本代表《にほんだいひょう》はアイルランド代表《だいひょう》、スコットランド代表《だいひょう》と戦《たたか》います**。いずれも「シックスネーションズ」と呼《よ》ばれる、ヨーロッパの強豪《きょうごう》グループの一角《いっかく》です。スクラムやモールの強《つよ》さが特徴《とくちょう》です。

特《とく》にアイルランド代表《だいひょう》はここ数年《すうねん》、オールブラックス戦《せん》で勝《か》つなど世界《せかい》トップクラスの力《ちから》を見《み》せつけています。２０１７年《ねん》６月《がつ》に日本代表《にほんだいひょう》と対戦《たいせん》した時《とき》は私《わたし》もスタンドで観戦《かんせん》しましたが、まじめさ、愚直《ぐちょく》さが印象的《いんしょうてき》。特定《とくてい》のスーパースターに頼《たよ》らず、全《ぜん》員《いん》がチームのために体《からだ》を張《は》っているイメージです。自陣《じじん》のゴールラインを死守《ししゅ》すること、敵陣《てきじん》のゴールラインを突《つ》き破《やぶ》ることに、高《たか》いプライドを持《も》っているのではないでしょうか。

スコットランド代表《だいひょう》とは、２００４年《ねん》、２０１５年《ねん》、２０１６年《ねん》に試合《しあい》ができました。悔《くや》しさが残《のこ》るのは、最初《さいしょ》の対戦《たいせん》です。

その前年《ぜんねん》のワールドカップオーストラリア大会《たいかい》でのこのカードでは、日本代表《にほんだいひょう》が最《さい》後《ご》まで粘《ねば》って11対《たい》32と善戦《ぜんせん》。そのため２００４年《ねん》の試合《しあい》では、私《わたし》を含《ふく》め代表《だいひょう》になりたてのメンバーばかりなのに「いい試合《しあい》ができる」と過信《かしん》して臨《のぞ》んでしまいました。結《けっ》果《か》、８対《たい》１００で大敗《たいはい》。それから、日本代表《にほんだいひょう》はしばらくヨーロッパに呼《よ》んでもらえなくなりました。

それから時間《じかん》が経《た》って、日本代表《にほんだいひょう》は強《つよ》くなりました。２０１６年《ねん》は2試合《しあい》して16対《たい》21、13対《たい》26と、負《ま》けはしたものの互角《ごかく》に戦《たたか》えました。その時《とき》にスコットランドに善戦《ぜんせん》し、勝《か》てなかった**悔《くや》しさを味《あじ》わった選手《せんしゅ》はいまも日本代表《にほんだいひょう》に残《のこ》り、さまざまな経験《けいけん》を積《つ》んだうえでワールドカップに臨《のぞ》んでくれそうです**。

世《せ》界《かい》で戦《たたか》うオールジャパン

日本代表《にほんだいひょう》への期待《きたい》&思《おも》いは？

２０１９年《ねん》、日本《にほん》でのワールドカップに挑《いど》む日本代表《にほんだいひょう》は、さまざまな国《くに》との対戦《たいせん》を通《とお》して成長《せいちょう》してきました。

私《わたし》が日本代表《にほんだいひょう》にいたころ、世界《せかい》ランク1位《い》のニュージーランド代表《だいひょう》と2度《ど》対戦《たいせん》しています。初対戦《はつたいせん》は、２０１１年《ねん》のワールドカップニュージーランド大会《たいかい》。それまで、イタリア代表《だいひょう》、フィジー代表《だいひょう》、サモア代表《だいひょう》など、日本代表《にほんだいひょう》よりランキングが上《うえ》のチームとの試合《しあい》は何度《なんど》もありましたが、世界《せかい》トップのチームとは初《はじ》めての対戦《たいせん》。試合前《しあいまえ》からオールブラックスというチームを過大評価《かだいひょうか》してしまい、必要以上《ひつよういじょう》に緊張《きんちょう》して、試合《しあい》では普段《ふだん》しない簡単《かんたん》なミスなどで、点差《てんさ》を広《ひろ》げられてしまいました。結果《けっか》は7対《たい》83と大敗《たいはい》。しかし、試合後《しあいご》、まず感《かん》じたのは、日本代表《にほんだいひょう》とニュージーランド代表《だいひょう》の間《あいだ》に、この点差《てんさ》ほどの実力差《じつりょくさ》は無《な》いということ。世界《せかい》ベスト４クラスのチームと2年《ねん》に一度《いちど》でも対戦《たいせん》する機会《きかい》が持《も》てれば、試合前《しあいまえ》の過度《かど》の緊張《きんちょう》も無《な》くなり、結果《けっか》ももっと良《よ》いものになるはずだと感《かん》じました。

それから日本代表《にほんだいひょう》は、多《おお》くの強豪国《きょうごうこく》と対戦《たいせん》してきました。

２０１３年《ねん》にはヨーロッパの強豪《きょうごう》ウェールズ代表《だいひょう》から勝利《しょうり》をもぎ取《と》り、ニュージーランド代《だい》表《ひょう》とも再戦《さいせん》。２０１４年《ねん》はイタリア代表《だいひょう》にも勝《か》てました。

そのため２０１５年《ねん》のワールドカップイングランド大会《たいかい》では、**優勝経験《ゆうしょうけいけん》のある南《みなみ》アフリカ代《だい》表《ひょう》にも気負《きお》わずにぶつかれました**。南《みなみ》アフリカ代表《だいひょう》とは初対戦《はつたいせん》だったものの、南《みなみ》アフリカ代表《だいひょう》と互角《ごかく》の戦《たたか》いをするニュージーランド代表《だいひょう》やウェールズ代表《だいひょう》との対戦《たいせん》を経験《けいけん》していたおかげで、南《みなみ》アフリカ代表《だいひょう》の力《ちから》を測《はか》りやすかったのです。

そして２０１９年《ねん》までの４年間《ねんかん》は、それ以上《いじょう》

に多《おお》くの経験《けいけん》を積《つ》んでいます。一部《いちぶ》の選手《せんしゅ》はサンウルブズというチームに入《はい》り、スーパーラグビーという国際《こくさい》プロリーグに挑戦《ちょうせん》。日本代表《にほんだいひょう》としては、本番《ほんばん》でぶつかるアイルランド代表《だいひょう》、スコットランド代表《だいひょう》とも試合《しあい》をしています。そのおかげで、**ライバルたちの等身大《とうしんだい》の力《ちから》を把握《はあく》できていて、相手《あいて》がしてくるプレーを想像《そうぞう》しやすいはず**。それにアイルランド代表《だいひょう》とスコットランド代表《だいひょう》はいずれも、セットプレーからのアタックが得意《とくい》なヨーロッパのチームです。初戦《しょせん》の相手《あいて》のロシア代表《だいひょう》を含《ふく》め、同《おな》じ予選《よせん》プールに似《に》たタイプのチームが３つ揃《そろ》います。日本代表《にほんだいひょう》にとっては、対策《たいさく》が立《た》てやすいでしょう。

３勝《しょう》したイングランド大会《たいかい》では、どのポジションにも世界《せかい》のトップがそろう南《みなみ》アフリカ代表《だいひょう》、ヨーロッパのスコットランド代表《だいひょう》、フィジカルを前面《ぜんめん》に押《お》し出《だ》すサモア代《だい》表《ひょう》、勢《いきお》いに乗《の》らせたら怖《こわ》いアメリカ代表《だいひょう》と異《こと》なるタイプのチームと同組《どうくみ》。当時《とうじ》は何年《なんねん》間《かん》にわたって「きょうはサモア代表向《だいひょうむ》け」「明日《あした》は南《みなみ》アフリカ代表向《だいひょうむ》け」と、いろいろな戦《たたか》い方《かた》の練習《れんしゅう》をしなくてはなりませんでした。今回《こんかい》は準備《じゅんび》することが前回大会《ぜんかいたいかい》に比《くら》べ、よりシンプルで明確《めいかく》なので、精度《せいど》が高《たか》い準備《じゅんび》ができるはずです。

私《わたし》は現在《げんざい》、日本代表《にほんだいひょう》からは離《はな》れています。**復帰《ふっき》に向《む》けてはただただやれることをやり切《き》って、いまいる東芝《とうしば》で結果《けっか》を出《だ》すしかないと考《かんが》えています**。代表《だいひょう》を選《えら》ぶのはヘッドコーチです。こちらがコントロールできないことを考《かんが》えてもどうにもなりません。

長《なが》くプレーしているからか、応援《おうえん》してくれる方々《かたがた》にはグラウンド外《がい》での精神的支柱《せいしんてきしちゅう》としての役割《やくわり》を期待《きたい》してもらうこともあります。2015年《ねん》の日本代表《にほんだいひょう》では、**試合《しあい》に出《で》られないなか献《けん》身的《しんてき》に働《はたら》いてくれた選手《せんしゅ》がいました**。ただ、自《じ》分《ぶん》が彼《かれ》らのように振舞《ふるま》えるかはわかりません。2019年《ねん》ワールドカップを目指《めざ》す日本代表《にほんだいひょう》は、リーチマイケル選手《せんしゅ》など私《わたし》より10歳《さい》ほど若《わか》い選《せん》手《しゅ》が良《よ》いマインドを持《も》ってチームを支《ささ》えています。そんな中《なか》でも私《わたし》は、選手《せんしゅ》である以上《いじょう》はいくつになっても日本代表《にほんだいひょう》を目指《めざ》し、桜《さくら》のジャージィを着《き》て、グランドの上《うえ》で勝負《しょうぶ》したいと思《おも》っています。

画像提供／東芝ブレイブルーパス

ワールドカップがやってくる！

ワールドカップ。全《ぜん》試合《しあい》本気《ほんき》で勝《か》ちに行《い》け！

２０１９年《ねん》は、４年《ねん》に１度《ど》のワールドカップが日本《にほん》で開《ひら》かれます。大会《たいかい》の成功《せいこう》に欠《か》かせないのは、日本代表《にほんだいひょう》の活躍《かつやく》。特《とく》に、初戦《しょせん》の勝利《しょうり》は絶対《ぜったい》にほしいところです。魅力《みりょく》的《てき》なチーム作《づく》りも大切《たいせつ》ですが、結局《けっきょく》、**勝《か》つのが大事《だいじ》**なのです。

私《わたし》が初《はじ》めて出場《しゅつじょう》したワールドカップは２００７年《ねん》のフランス大会《たいかい》。この時《とき》の初戦《しょせん》では、いわゆる「主力組《しゅりょくぐみ》」を抜《ぬ》いたようなメンバーで強豪《きょうごう》オーストラリア代表《だいひょう》にぶつかりました。オーストラリア代表戦《だいひょうせん》のメンバーはマスコミの方《かた》からも「主力外《しゅりょくがい》」と見《み》られるなか、なにくそという気持《きも》ちで戦《たたか》っていました。

しかし結果《けっか》は、３対《たい》91で大敗《たいはい》。私《わたし》はその様子《ようす》を、グラウンドの外《そと》から見《み》つめました。

試合《しあい》ごとにメンバーを入《い》れ替《か》えるこの時《とき》の方針《ほうしん》は、試合間隔《しあいかんかく》が短《みじか》かったフランス大《たい》会《かい》の日程《にってい》などをもとに当時《とうじ》のジョン・カーワンヘッドコーチが決《き》めた作戦《さくせん》です。正解《せいかい》か間違《まちが》いかは言《い》い切《き》れません。ただ**選手《せんしゅ》は、ワールドカップの試合《しあい》を一生《いっしょう》に何度《なんど》も体験《たいけん》できません**。1試合《しあい》も無駄《むだ》にできないのは確《たし》かです。

2015年《ねん》のイングランド大会《たいかい》では、初戦《しょせん》でやはり強豪《きょうごう》の南《みなみ》アフリカ代表《だいひょう》に34対《たい》32で勝利《しょうり》。ラグビーブームを呼《よ》びました。この時《とき》のエディー・ジョーンズヘッドコーチは、選手《せんしゅ》として世界《せかい》のトップを走《はし》ってきたわけではないのに指導者《しどうしゃ》としてワールドカップの優勝《ゆうしょう》を経験《けいけん》。日本代表《にほんだいひょう》でも常《つね》に番狂《ばんくる》わせを起《お》こす術《すべ》を考《かんが》えていました。南《みなみ》アフリカ代表戦《だいひょうせん》はベストメンバーで臨《のぞ》みました。

結果《けっか》はどうあれ、そのゲームに**本気《ほんき》で挑《いど》むことで日本代表《にほんだいひょう》の実力《じつりょく》、姿勢《しせい》が見《み》えてくる**。

2007年《ねん》の初戦《しょせん》で2015年《ねん》の時《とき》のように挑《いど》んだらどうだったろうと、いまさらながら思《おも》うことがます。

画像提供／東芝ブレイブルーパス

EPILOGUE

大野均《おおのひとし》が“本当《ほんとう》に伝《つた》えたかったこと”

これまでの経験《けいけん》やトップ選手《せんしゅ》としての目線《めせん》で、多《おお》くのアドバイス、メッセージをくれた大野均選手《おおのひとしせんしゅ》。最後《さいご》に改《あらた》めて、この本《ほん》で子《こ》どもたちに「本当《ほんとう》に伝《つた》えたかったこと」を聞《き》きました。

取材《しゅざい》・構成《こうせい》／向風見也《むかいふみや》

王国《おうこく》の選手《せんしゅ》を本気《ほんき》にさせる「貢献《こうけん》できることを探《さが》す」選手《せんしゅ》

——この一冊《いっさつ》で「ラグビーのはじめの一歩《いっぽ》」について語《かた》っていただきました。改《あらた》めて、思《おも》いを聞《き》かせてください。

やはり「自分《じぶん》でもチームのためにできることがある」と思《おも》って臨《のぞ》んでほしいです。私《わたし》が大学《だいがく》でラグビーを始《はじ》めた時《とき》も、何《なに》かしら貢献《こうけん》できないかと考《かんが》えていました。

——東芝《とうしば》の仲間《なかま》に、「常《つね》に貢献《こうけん》できることを探《さが》す」選手《せんしゅ》はいますか。

藤田貴大《ふじたたかひろ》という4年目《ねんめ》のフランカーは、1年目《ねんめ》からミーティングでもグラウンド上《じょう》でもチームのために発言《はつげん》。同時《どうじ》に練習《れんしゅう》も一生懸命《いっしょうけんめい》します。体《からだ》が小《ちい》さいのですが、チームで試合《しあい》に出《で》るための努力《どりょく》をしています。

彼《かれ》は東海大学《とうかいだいがく》にいた頃《ころ》に東芝《とうしば》の練習《れんしゅう》に来《き》たことがあって、その日《ひ》は当時《とうじ》いた元《もと》ニュージーランド代表《だいひょう》のスティーブン・ベイツを本気《ほんき》にさせました。おこなったのはそれほどタックルに入《はい》らない練習《れんしゅう》でしたが、控《ひか》え組《ぐみ》に入《はい》った藤田《ふじた》は主力組《しゅりょくぐみ》の選手《せんしゅ》に対《たい》して、激《はげ》しいタックルやボールへの絡《から》みをみせました。彼《かれ》は彼《かれ》で、東芝《とうしば》に入《はい》るためのアピールで一生懸命《いっしょうけんめい》でした。悪意《あくい》がないのは伝《つた》わりますし、そういう熱《ねつ》はチームにいい相乗効果《そうじょうこうか》を生《う》みます。

藤田《ふじた》に対《たい》するのと同《おな》じ印象《いんしょう》は、9年目《ねんめ》のロックの梶川喬介《かじかわきょうすけ》にも感《かん》じました。彼《かれ》は全国的《ぜんこくてき》に無名《むめい》な福岡工業大学《ふくおかこうぎょうだいがく》時代《じだい》に東《とう》芝《しば》の練習《れんしゅう》へ来《き》ました。190センチあるのに、小柄《こがら》な選手《せんしゅ》のひざ下《した》に躊躇《ちゅうちょ》なくタ

画像提供／東芝ブレイブルーパス

ツクルに入《はい》るのを見《み》て、「気《き》持《も》ちの強《つよ》い選手《せんしゅ》だな」と感《かん》じました。

忘《わす》れられないリーダーの言葉《ことば》「隣《となり》の奴《やつ》のために体《からだ》を張《は》れ」

——全《すべ》ての人《ひと》に敬意《けいい》を持《も》つことも伝《つた》えていただきました。その気《き》持《も》ちは、キャプテンなどのリーダーに対《たい》しても同《おな》じ。

チームをまとめるのって、大変《たいへん》じゃないですか。自分《じぶん》は、リーダーを助《たす》ける存《そん》在《ざい》になりたいといつも思《おも》っています。

きっかけは、東芝《とうしば》で年《とし》が1つ上《うえ》の冨岡《とみおか》鉄平《てっぺい》さんがキャプテンになったこと。東《とう》芝《しば》が勝《か》てなかった時《とき》に「どうしたら強《つよ》くなるのかな」と一緒《いっしょ》に考《かんが》えてきた人《ひと》が、キャプテンになったので。若《わか》いときから日本代表《にほんだいひょう》で共《とも》に戦《たたか》ってきたキクちゃん

（菊谷崇《きくたにたかし》）のように、後輩《こうはい》でもチームのために体《からだ》を張《は》る尊敬《そんけい》できるキャプテンを、少《すこ》しでも助《たす》けたいという想《おも》いは、つねに変《か》わりません。

——時《とき》には大野《おおの》さん自身《じしん》がリーダーシップを取《と》ることもあります。

　リーダーが自分《じぶん》の言葉《ことば》に重《おも》みを持《も》たせるには、率先《そっせん》して体《からだ》を張《は》り、規律《きりつ》ある姿《すがた》を見《み》せるのが大事《だいじ》です。たとえばリーダーが練習中《れんしゅうちゅう》に手《て》を抜《ぬ》いたり反則《はんそく》ばかりしていたら、その雰囲気《ふんいき》はチーム全体《ぜんたい》に広《ひろ》がってしまいます。

——大野選手《おおのせんしゅ》が入《はい》りたてだった頃《ころ》の日本《にほん》代表《だいひょう》では、箕内拓郎《みうちたくろう》さんがキャプテンでした。ワールドカップでは2003、2007年《ねん》と2大会連続《たいかいれんぞく》でその役割《やくわり》を担《にな》います。

　箕内《みうち》さんは、私《わたし》がラグビーを始《はじ》めた時《とき》からのスーパースター。一緒《いっしょ》にやれるだけでも光栄《こうえい》でした。

　初《はじ》めて箕内《みうち》さんと一緒《いっしょ》に代表《だいひょう》の試合《しあい》に出《で》た時《とき》のことを覚《おぼ》えています。

　ウォーミングアップを終《お》え、ロッカーに戻《もど》り、最後《さいご》に円陣《えんじん》を組《く》んだ時《とき》。箕内《みうち》さんのキャプテンとしての言葉《ことば》はこうでした。

「いまから国《くに》を代表《だいひょう》してテストマッチに挑《いど》むけれど、グラウンドに出《で》たらそういうことは忘《わす》れていい。いま、一緒《いっしょ》に円陣《えんじん》で肩《かた》を組《く》んでいる奴《やつ》のためだけに体《からだ》を張《は》れ」

　それって本当《ほんとう》に、大事《だいじ》なことです。

　たしかに、国《くに》を代表《だいひょう》する大義《たいぎ》は大切《たいせつ》。ただその瞬間《しゅんかん》に自分《じぶん》ができるのは、隣《となり》にいる奴《やつ》のためだけに体《からだ》を張《は》ることだけ。その思《おも》いはいまでも、自分《じぶん》のなかにあります。

――若《わか》い選手《せんしゅ》の緊張《きんちょう》を解《と》きほぐす意味《いみ》でも、素晴《すば》らしい言葉《ことば》ですね。

ただ、後《あと》になってこの話《はなし》を箕内《みうち》さんにしても、「あれ？　俺《おれ》、そんなこと言《い》ったっけ」って。言《い》った方《ほう》が忘《わす》れていて、聞《き》いた方《ほう》はおぼえている。そんなものです。

ラグビーを続《つづ》ける理由《りゆう》は「凡人《ぼんじん》」だから？

――この本《ほん》では、試合《しあい》に臨《のぞ》む気持《きも》ちについても教《おし》えていただきました。

昔《むかし》は試合前《しあいまえ》にひげを全部《ぜんぶ》そるゲン担《かつ》ぎをしていましたが、２００４年《ねん》にスコットランド代表相手《だいひょうあいて》に１００失点《しってん》してから「意味《いみ》ないな」と。それから試合前《しあいまえ》にすることはシンプルにして、良《よ》いメンタルで試合《しあい》に臨《のぞ》むことを心《こころ》がけるようにしました。ゲン担《かつ》ぎをするより、もっと大事《だいじ》なものがあると、２００４年《ねん》の大敗《たいはい》が教《おし》えてくれました。

――最後《さいご》に。いつまでも現役《げんえき》でプレーし続《つづ》ける原動力《げんどうりょく》を聞《き》かせてください。

試合《しあい》に出《で》た時《とき》の高揚感《こうようかん》、応援《おうえん》してくれる人《ひと》たちの言葉《ことば》です。あとは「こんな年《ねん》齢《れい》で続《つづ》けられて凄《すご》いですね」と言《い》われますが、自分《じぶん》は自分《じぶん》を凡人《ぼんじん》だと思《おも》っていて、少《すこ》しでも上手《うま》くなりたいと考《かんが》えています。それもあって、ここまで続《つづ》けられているんだと思《おも》います。いまもベテラン風《かぜ》を吹《ふ》かせて練習《れんしゅう》するのではなく、東芝《とうしば》のファーストジャージィをつねに掴《つか》みにいく想《おも》いを持《も》って、同《おな》じポジションの若《わか》い選手《せんしゅ》とやり合《あ》う。それが心地《ここち》いいです。

若《わか》い選手《せんしゅ》と やり合《あ》う。 それが、心地《ここち》いい

監修者

大野均（おおのひとし）

1978年《ねん》5月《がつ》6日《か》生《う》まれ、福島県出身《ふくしまけんしゅっしん》。高校《こうこう》までは野球部《やきゅうぶ》に所属《しょぞく》し、ラグビーを始《はじ》めたのは日本大学工学部進学後《にほんだいがくこうがくぶしんがくご》。恵《めぐ》まれた体格《たいかく》に圧倒的《あっとうてき》なスピードを兼《か》ね備《そな》え、大学卒業後《だいがくそつぎょうご》に東芝《とうしば》に入団《にゅうだん》。日本代表《にほんだいひょう》には2004年《ねん》に初選出《はつせんしゅつ》され、2007年《ねん》から3大会連続《たいかいれんぞく》でワールドカップに出場《しゅつじょう》。代表通算《だいひょうつうさん》98キャップ（2019年《ねん》4月《がつ》時点《じてん》）は歴代最多《れきだいさいた》。今《いま》なお国内《こくない》トップレベルのパフォーマンスを続《つづ》ける“ラグビー界《かい》のレジェンド”。

取材協力　東芝ブレイブルーパス
ブレイブルーパス府中ジュニアラグビークラブ

企画・編集　成田すず江（テンカウント）
花田雪
向風見也
小穴康二（世界文化社）

編集協力　有限会社LAP

本文・カバーデザイン　下舘洋子（bottom graphic）
撮影　伏見早織（世界文化社）
イラスト　渡辺保裕
校正　株式会社ヴェリタ

はじめてのラグビー

発行日　2019年5月30日　初版第1刷発行
2019年9月15日　第2刷発行

監　修　大野 均
発行者　秋山和輝
発　行　株式会社世界文化社
〒102-8187　東京都千代田区九段北4-2-29
電話　03-3262-5451（編集部）
03-3262-5115（販売部）
印刷・製本　中央精版印刷株式会社

ISBN978-4-418-18245-9